日本語の作文力練習帳

上級：大学・大学院で学ぶために

倉八順子著

古今書院

はしがき

大学・大学院で学ぶためには、日本語の作文力をつけておくことが大切です。これは留学生も日本人学生も、同じです。

「作文はむずかしい」と考えている学生がたくさんいます。私は、学生（留学生・日本人学生）の作文指導に携わる機会を与えられ、作文指導に取り組むなかで、あらゆる技術と同じように、作文力も、ステップを踏んだ練習によってかならず上達すると確信するようになりました。

本書は作文力のステップを４段階に分け、各段階について「学習者と教師の対話」で表現するようにしたものです。そのステップについては「はじめに」で、詳しく説明してあります。

むずかしい作文のイメージが、少しでもやわらげばと、編集者の関田伸雄さんと知恵を絞り、本書では２つの工夫をしました。一つは、説明を「学習者と教師の対話」でしたこと、もう一つは、次の５つのマークを使ったことです。

本書のマークについて

作文がむずかしいと考えている学習者

作文指導に熟達した（ビリーフをもっている）指導者

指導者の指導を受けて作文に取り組む学習者

作文授業

指導者へのメッセージ

また本書は、縦書きの日本の書物になれてもらうために、本文は縦書きで掲載しました。そのため、本を横にして読んでいただかなければならない箇所があります。また、なるべく見開きで読めるようにしたため、本文の掲載が後ページになっている箇所もあります。ご不便をおかけしますが、ご理解いただければ幸いです。

本書は、2011年度の大原日本語学院上級クラスでの1年間の実践をもとに書かれたものです。学生たちは、このステップを踏むことにより、作文の大切さに気付き、作文を楽しむようになり、作文力がついていきました。掲載した4人の学生の作文が、学生たちの作文力を示しています。掲載をゆるしてくれた4人の学生のみなさん、そして、楽しく学びをともにしたクラスのみなさんに、こころから感謝します。また、私と学びを共にした学生のみなさん、すべてに感謝します。

何よりも、大原日本語学院で、留学生教育への志を共にする先輩と同僚たちに恵まれたことが、本書の執筆を可能にしました。ありがとうございました。

本書に書かれている作文指導についての私の考えは、作文指導に取り組む多くの先輩たち、及び、多くの書物から学んだものです。

これまでの著書同様、この本も、古今書院の編集者関田伸雄さんとの協働作業で完成しました。本書のマークのうちの3つは、関田さんに書いていただきました。ありがとうございました。

本書が、大学・大学院合格を目指して日本語学習に取り組む留学生のみなさん、そして、作文指導に取り組む日本語教師のみなさんにとって少しでも役に立つものであれば、それにまさる喜びはありません。

2012年6月　　倉八順子

目次

はじめに
作文力にはステップがある

「作文ってむずかしいですね。」

「そんなことはありません。ステップを踏んで練習すれば、作文力はかならず身につきます。」

「そうですか。どんなステップですか。」

「まず、“ よい文章 ” を読むこと。その文章の内容を理解して、要約することです。」

「よい文章を読んで、内容を理解し、要約を書く。なるほど！でも一人ではむずかしいですね。」

「そうです。一人では難しいです。ですから、授業で学べるといいですね。授業でよい文章を読み、要約を書いて、指導者に読んでもらうことが大切です。そして、指導者に、作文の書き方について役に立つフィードバックをもらうことです。どこを改善すれば、さらによい作文になるかがわかれば、次はそこに注意して作文を書くことができます。」

「なるほど！指導者から情報をもらうことが大切なのですね。どのくらい練習したら作文が書けるようになるでしょう？」

「毎週１回、３ヶ月練習すれば、ある程度、書けるようになります。大切なことは、目標に向けて、続けてゆくことです。」

「文章を読んで、要約し、意見・感想が書けるようになりたいです。目標へのステップを教えてください。」

「はい。目標へのステップは、

①新聞の縮約
②新書の要約
③意見文の要約と意見
④小説の粗筋と感想
です」

「わかりました！　さっそく始めます。よろしくお願いします。」

第1章
新聞の縮約：世界を知る

１．新聞の報道記事から始める理由

「どうして新聞の報道記事から始めるのですか。」

「新聞の報道記事は、事実を正確に、わかりやすく伝えるために書かれています。ですから、新聞の縮約をすれば、分かりやすい文章が書けるようになります。」

２．“縮約”とは何ですか

「縮約とは何ですか。」

「縮約とは、原文の文をそのまま使って、原文の要点がわかるように縮めた文章です。基本的に原文の文をそのまま使うので、初めて要約する練習に適しています。」

「どれくらいに縮めるのですか。」

「新聞の報道記事はだいたい 1200 字で書かれています。1200 字で書かれた記事を 400 字にします。縮約は、原文を三分の一に縮め、内容を、簡潔に、表現する作業です。」

3．縮約練習に適した新聞記事

「どのような記事が縮約に適していますか。」

「次の３つの条件をみたしたものです。

1）タイトル、小見出し、リードから内容が想像できるもの

リードに要約が書かれているもの

2）事実の報道文

報道文は5W 1H（だれが、どこで、いつ、何を、どのように、どうした）が明確に書かれているので、5W1Hを中心に縮約することができます。

3）内容とかかわりをもてるもの

（1）社会的反響が大きく注目を集めた事実についての記事

（2）現代共有されている課題について記事

（3）学習者の母国に関する記事

「社説などの意見文の縮約はどうですか。」

「朝日新聞の社説は、1130字で書かれています。縮約の練習にはちょうどよい長さです。よい社説があれば、社説の縮約にも取り組むとよいでしょう。」

4．縮約を書く手順

90分授業の構成

（1）30分：テーマの導入。語彙・表現の音読

（2）55分：個別作業　黙読→中心文をみつける→縮約の完成→回収

（3） 5分：指導者の要約を配布し音読

2011年5月25日朝日新聞朝刊の『44年待った無罪』を例に、縮約の手順を説明します。全体は、リード、２つの記事からなっています。

44年 待った無罪

布川事件再審 自白の信用性否定
強要・誘導の可能性を指摘

茨城県利根町で1967年8月に起きた「布川《ふかわ》事件」＝🔑＝の再審で、強盗殺人罪で無期懲役判決が確定した元被告の2人を無罪とした24日の水戸地裁土浦支部の判決は、2人の捜査段階の自白の信用性を退けた。神田大助裁判長は「2人と犯行を結びつける客観的証拠が存在しない」と結論づけた。

桜井昌司さん(64)、杉山卓男さん(64)の2人は、公判段階では一貫して否認。2人を犯行に結びつける証拠は捜査段階の「自白」と「被害者宅前で2人を見た」という目撃証言だけで、その信用性が争点になっていた。

判決は目撃証言について、事件から半年たった後のもので、理由もなく内容が変遷している点を踏まえて「信用性に欠ける」と判断した。

さらに、自白の信用性も否定。「殺害方法や物色した場所など、現場の状況と異なる点が多い」と指摘し、桜井さんの取り調べを録音したテープの内容などから「取調官による自白の強要や誘導の可能性は否定できない」と述べた。

検察側は、裁判を続けても有罪判決を得られる見込みが少ないとみて控訴を見送る方針を固めており、事件から44年近くを経て2人の無罪が確定する見込みだ。

戦後に起きた事件で、死刑か無期懲役が確定後、再審で無罪となるのは7、8人目となる＝図。（石倉徹也）

🔑 **布川事件**　1967年8月、大工の玉村象天さん（当時62）が自宅で絞殺され、現金が奪われた強盗殺人事件。近くに住んでいた桜井さんと杉山さんが強盗殺人罪で起訴された。78年に無期懲役が確定。96年に仮釈放された。2001年の2度目の再審請求を受け、水戸地裁土浦支部が05年に再審開始を決定。東京高裁、最高裁も決定を支持し、再審公判が10年7月から始まった。

無罪となり握手を交わす杉山卓男さん（左）と桜井昌司さん＝24日午後4時52分、茨城県土浦市、竹谷俊之撮影

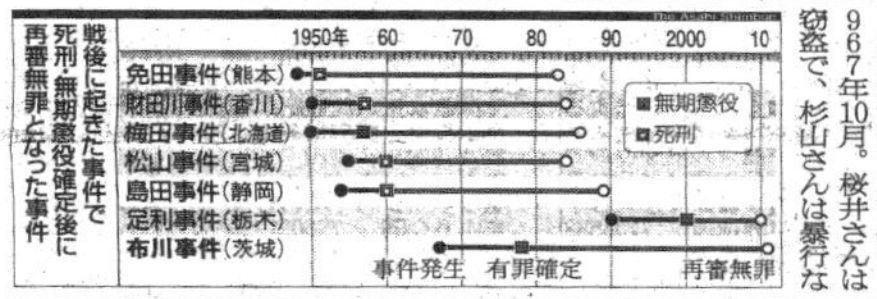

「だんだん体軽く」「力抜けちゃった」

「だんだん体が軽くなり、無罪になるっていいなと思った」。桜井さんは判決後の記者会見でそう語り、目を潤ませた。杉山さんも「海外旅行に行ける。選挙もできる。住所も自由に変えられる。力が抜けちゃったですね」と笑顔を浮かべた。

44年前――。早朝から深夜まで続く取り調べから、逃げ出したかった。

事件から約1カ月後の1967年10月。桜井さんは暴行など、杉山さんは暴行などの疑いで逮捕された。地元の遊び仲間だった2人。直後、身に覚えのない強盗殺人容疑を突きつけられた。「お前を見た者が何十人もいる」「否認すれば死刑だ」。警察署の小さな仮眠室で責められ続けた。

「裁判所なら無実を分かってくれる」と考えて「自白」したが、一、二審とも無期懲役に。「一生刑務所暮らしなのだろうか」。2人に焦りや不安が募った。

当時、桜井さんは東京拘置所の3階、杉山さんは2階の独房にいた。支援者をどう増やしていくか、週に1回の手紙のやりとりで議論しては、無実の訴えを記した手紙を作家や新聞社、法学者、知人などに毎日10通ほど、欠かさず送った。

78年7月、最高裁が上告を棄却し、有罪が確定。83年からの再審請求審でも、主張は退けられた。だが、刑務所の外では支援の輪が広がり始めていた。中心にいたのは、独房からの2人の手紙を受け取った人たちだった。

支援者らはお金を出し合い、2人の生活費を工面したり、20万人を超える署名を集めたりした。弁護団は都内のスタジオを借り切って、事件現場を再現。様々な実験を通して、2人の自白や目撃証言の信用性が低いことを明らかにした。09年、再審開始が決まった。

この日の会見には支援者約200人が駆けつけた。大きな拍手で迎えられ、晴れ晴れとした表情の2人は声をそろえた。

「みなの支えがあって、勝つことができた。真実が勝った」

（東郷隆、中村浩彦、中村真理）

朝日新聞デジタルに関連動画

「長い間お疲れさま」
足利事件の菅家さん

閉廷後に開かれた2人の記者会見で無罪判決の報告を感無量の表情で聴く菅家利和さん＝24日、茨城県土浦市、松井望美撮影

「足利事件」で再審無罪判決を受けた菅家利和さん(64)もこの日、水戸地裁土浦支部を訪れた。抽選に外れて傍聴はできなかったが、布川事件の再審公判のために土浦市に足を運ぶのは4回目だ。

「布川事件の有罪の根拠は、あいまいな目撃者の証言のほかは自白しかない。私の場合はDNA型鑑定で有罪を覆すことができたが、取り調べの全過程可視化を一日も早く実現しないと、こうした冤罪《えんざい》はなくならない」と熱を込めて語った。

桜井さん、杉山さんとはこれまで度々面会し、相談し合ってきた。この日締めた黄色いネクタイは、足利事件の再審の際に桜井さんから贈られた。「エールを込めて着けてきました」

2人の無罪判決を聞き、「自分の判決の時を思い出して涙が出た。同じ苦しみを知る者として、長い間お疲れさまとねぎらいたい」。その上で、「全国には冤罪が疑われる事件がまだある。今後も仲間と協力し、取り調べの全過程可視化を訴えたい」と話した。

（松井望美）

2011年5月25日朝日新聞

44年待った無罪

茨城県利根町で1967年8月に起きた「布川事件」の再審で、強盗殺人罪で無期懲役判決が確定した元被告の2人を無罪とした24日の水戸地裁土浦支部の判決は、2人の捜査段階の自白の信用性を退けた。神田大助裁判長は「2人と犯行を結びつける客観的証拠が存在しない」と結論づけた。

布川事件再審 自白の信用性否定

強要・誘導の可能性を指摘

桜井昌司さん（64）、杉山卓男さん（64）の2人は、公判段階では一貫して否認。2人を犯行に結びつける証拠は捜査段階の「自白」と「被害者宅前で2人を見た」という目撃証言だけで、その信用性が争点になっていた。

判決は目撃証言について、事件から半年たった後のもので、理由もなく内容が変遷している点を踏まえて「信用性に欠ける」と判断した。

さらに、自白の信用性も否定。「殺害方法や物色した場所など、現場の状況と異なる点が多い」と指摘し、桜井さんの取り調べを録音したテープの内容などから「取調官による自白の強要や誘導の可能性は否定できない」と述べた。

検察側は、裁判を続けても有罪判決を得られる見込みが少ないとみて控訴を見送る方針を固めており、事件から44年近くを経て2人の無罪が確定する見込みだ。

戦後に起きた事件で、死刑か無期懲役が確定後、再審で無罪となるのは7、8人目となる。

「だんだん体軽く」「力抜けちゃった」

「だんだん体が軽くなり、無罪になるっていいなと思った」。桜井さんは判決後の記者会見でそう語り、目を潤ませた。杉山さんも「海外旅行に行ける。選挙もできる。住所も自由に変えられる。力が抜けちゃったですね」と笑顔を浮かべた。

44年前――。早朝から深夜まで続く取り調べから、逃げ出したかった。

事件から約1ヵ月後の1967年10月。桜井さんは窃盗で、杉山さんは暴行などの疑いで逮捕された。地元の遊び仲間だった2人。直後、身に覚えのない強盗殺人容疑を突きつけられた。「お前を見たものが何十人もいる」「否認すれば死刑だ」。警察署の小さな仮眠室で責められ続けた。

「裁判所なら無実を分かってくれる」と考えて「自白」したが、一、二審とも無期懲役に。「一生刑務所暮らしなのだろうか」。2人に焦りや不安が募った。

当時、桜井さんは東京拘置所の3階、杉山さんは2階の独房にいた。支援者をどう増やしていくか、週に1回の手紙のやりとりで議論しては、無実の訴えを記した手紙を作家や新聞社、法学者、知人などに毎日10通ほど、欠かさず送った。

78年7月、最高裁が上告を棄却し、有罪が確定。83年からの再審請求審でも、主張は退けられた。

だが、刑務所の外では支援の輪が広がり始めていた。中心にいたのは、独房からの2人の手紙を受け取った人たちだった。

支援者らはお金を出し合い、2人の生活費を工面したり、20万人を超える署名を集めたりした。弁護団は都内のスタジオを借り切って、事件現場を再現。様々な実験を通して、2人の自白や目撃証言の信用性が低いことを明らかにした。09年、再審開始が始まった。

この日の会見には支援者約200人が駆けつけた。大きな拍手で迎えられ、晴れ晴れとした表情の2人は声をそろえた。

「みんなの支えがあって、勝つことができた。真実が勝った」。

２０１１・５・２５
朝日新聞

リード	138 字
強要・誘導の可能性を指摘	385 字
「だんだん体軽く」「力抜けちゃった」	726 字
全体	1249 字

(1) テーマの導入・語彙・表現の音読

◇テーマの導入

＊冤罪《えんざい》を知っていますか。

＊冤罪についてどう考えますか。

＊あなたの国であった冤罪について説明してください。

◇語彙・表現の音読

44 年待った無罪　2011 年５月 25 日　朝日新聞

布川事件再審　自白の信用性否定

強要・誘導の可能性を指摘

布川事件	ふかわじけん
自白	じはく
強盗殺人罪	ごうとうさつじんざい
無期懲役	むきちょうえき
水戸地裁土浦支部	みとちさいつちうらしぶ
捜査段階	そうさだんかい
信用性	しんようせい
退ける	しりぞける
桜井昌司さん	さくらいしょうじさん
杉山卓男さん	すぎやまたかおさん
目撃証言	もくげきしょうげん
争点になる	そうてんになる
変遷	へんせん
物色する	ぶっしょくする
取調官	とりしらべかん
検察側	けんさつがわ
控訴を見送る	こうそをみおくる
方針を固める	ほうしんをかためる

「だんだん体軽く」「力抜けちゃった」

目を潤ませる	めをうるませる
窃盗	せっとう
仮眠室	かみんしつ
東京拘置所	とうきょうこうちしょ
独房	どくぼう
支援者	しえんしゃ
上告を棄却	じょうこくをききゃく
再審請求審	さいしんせいきゅうしん
支援の輪が広がる	しえんのわがひろがる
生活費を工面する	せいかつひをくめんする
署名を集める	しょめいをあつめる

(2) 個別作業

ステップ１

リードの文章を縮約の序文に用います

リードには、事件や出来事の骨子が明確に書かれています。いつ・だれが・どこで・なにを・どのように・どうした、という５W1H が明確にわかります。縮約の序文は、リードの部分を用います。

> 茨城県利根町で 1967 年８月に起きた「布川事件」の再審で、強盗殺人罪で無期懲役判決が確定した元被告の２人を無罪とした 24 日の水戸地裁土浦支部の判決は、２人の捜査段階の自白の信用性を退けた。神田大助裁判長は「２人と犯行を結びつける客観的証拠が存在しない」と結論づけた。〈138 字〉

ステップ２

各小見出し・各段落の中心文をみつけます

各小見出し・各段落には中心文があります。中心文とはその段落で最も大切なことを述べた文です。中心文をみつけ、線を引きます。中心文は、段落の「初め」か「終わり」にあることが多いです。

中心文

「強要・誘導の可能性を指摘」の部分

桜井昌司さん、杉山卓男さんの２人は、公判段階では一貫して否認。２人を犯行に結びつける証拠は捜査段階の「自白」と「被害者宅前で２人を見た」という目撃証言だけで、その信用性が争点になっていた。（初めの部分）

戦後に起きた事件で、死刑か無期懲役が確定後、再審で無罪になるのは、7，8 人目となる。
（終わりの部分）

（計 120 字）

「だんだん体軽く」「力抜けちゃった」の部分

桜井さんは「だんだん体が軽くなり、無罪になるっていいなと思った」杉山さんは「海外旅行に行ける、力が抜けちゃった」と語った。
（初めの部分、一部省略）

２人は、「みんなの支えがあって、勝つことができた。真実が勝った」と声をそろえた。
（終わりの部分）

（計 120 字）

ステップ３

中心文をつないで縮約を書きます

縮約文 400 字の文章構成は、基本的に、３つの部分（導入・本論・まとめ、の３段落）で書きます。

『44 年待った無罪』では、第一段落がリードの部分、第二段落が「強要・誘導の可能性を指摘」の中心文、第三段落が「だんだん体軽く」「力抜けちゃった」の中心文とします。

44年待った無罪

茨城県利根町で１９６７年８月に起きた「布川事件」の再審で、強盗殺人罪で無期懲役判決が確定した元被告の２人を無罪とした24日の水戸地裁土浦支部の判決は、２人の捜査段階の自白の信用性を退けた。神田大助裁判長は「２人と犯行を結びつける客観的証拠が存在しない」と結論づけた。

布川事件再審
自白の信用性否定
強要・誘導の可能性を指摘

　桜井昌司さん（64）、杉山卓男さん（64）の２人は、公判段階では一貫して否認。２人を犯行に結びつける証拠は捜査段階の「自白」と「被害者宅前で２人を見た」という目撃証言だけで、その信用性が争点になっていた。

　判決は目撃証言について、事件から半年たった後のもので、理由もなく内容が変遷している点を踏まえて「信用性に欠ける」と判断した。

　さらに、自白の信用性も否定。「殺害方法や物色した場所など、現場の状況と異なる点が多い」と指摘し、桜井さんの取り調べを録音したテープの内容などから「取調官による自白の強要や誘導の可能性は否定できない」と述べた。

　検察側は、裁判を続けても有罪判決を得られる見込みが少ないとみて控訴を見送る方針を固めており、事件から44年近くを経て２人の無罪が確定する見込みだ。

　戦後に起きた事件で、死刑か無期懲役が確定後、再審で無罪となるのは７、８人目となる。

「だんだん体軽く」
「力抜けちゃった」

　「だんだん体が軽くなり、無罪になるっていいなと思った」。桜井さんは判決後の記者会見でそう語り、目を潤ませた。杉山さんも「海外旅行に行ける。選挙もできる。住所も自由に変えられる。力が抜けちゃったですね」と笑顔を浮かべた。

　44年前――。早朝から深夜まで続く取り調べから、逃げ出したかった。

　事件から約１カ月後の１９６７年10月。桜井さんは窃盗で、杉山さんは暴行などの疑いで逮捕された。地元の遊び仲間だった２人。直後、身に覚えのない強盗殺人容疑を突きつけられた。「お前を見たものが何十人もいる」「否認すれば死刑だ」。警察署の小さな仮眠室で責められ続けた。

　「裁判所なら無実を分かってくれる」と考えて「自白」したが、一、二審とも無期懲役に。「一生刑務所暮らしなのだろうか」。２人に焦りや不安が募った。

　当時、桜井さんは東京拘置所の３階、杉山さんは２階の独房にいた。支援者をどう増やしていくか、週に１回の手紙のやりとりで議論しては、無実の訴えを記した手紙を作家や新聞社、法学者、知人などに毎日10通ほど、欠かさず送った。

　78年７月、最高裁が上告を棄却し、有罪が確定。83年からの再審請求審でも、主張は退けられた。

　だが、刑務所の外では支援の輪が広がり始めていた。中心にいたのは、独房からの２人の手紙を受け取った人たちだった。

　支援者らはお金を出し合い、２人の生活費を工面したり、20万人を超える署名を集めたりした。弁護団は都内のスタジオを借り切って、事件現場を再現。様々な実験を通して、２人の自白や目撃証言の信用性が低いことを明らかにした。09年、再審開始が始まった。

　この日の会見には支援者約２００人が駆けつけた。大きな拍手で迎えられ、晴れ晴れとした表情の２人は声をそろえた。

「みんなの支えがあって、勝つことができた。真実が勝った」。

２０１１・５・２５
朝日新聞

傍線は中心文を示す。

44年待った無罪　縮約

茨城県利根町で1967年8月に起きた「布川事件」の再審で、強盗殺人罪で無期懲役判決が確定した元被告の2人を無罪とした24日の水戸地裁土浦支部の判決は、2人の捜査段階の自白の信用性を退けた。神田大助裁判長は「2人と犯行を結びつける客観的証拠が存在しない」と結論づけた。

桜井昌司さん、杉山卓男さんの2人は、公判段階では一貫して否認。2人を犯行に結びつける証拠は捜査段階の「自白」と「被害者宅前で2人を見た」という目撃証言だけで、その信用性が争点になっていた。戦後に起きた事件で、死刑か無期懲役が確定後、再審で無罪になるのは、7，8人目となる。

桜井さんは「だんだん体が軽くなり無罪になるっていいなと思った」杉山さんは「海外旅行に行ける、力が抜けちゃった」と語った。2人は、「みんなの支えがあって、勝つことができた。真実が勝った」と、声をそろえた。

学習者の縮約に情報的フィードバックを与えます

指導者は、書き手の視点を大切に、どこがよかったか、どこを改善するとさらによい縮約になるかについての情報を書き、次回の授業で返却します。また、よい縮約を一つ選び、全員に配布し、全員で音読します。

44年待った無罪　縮約

　1967年8月に起きた「布川事件」の再審で、強盗殺人罪で無期懲役判決が確定した元被告の二人を無罪とした24日の判決は、二人の捜査段階の自白の信用性を退けた。裁判長は「二人と犯行を結びつける客観的証拠が存在しない」と結論づけた。

　二人を犯行に結びつける証拠は「自白」と目撃証言だけで、その信用性が争点になっていた。テープの内容などから「自白の強要や誘導の可能性は否定できない」と述べた。44年近く経て二人の無罪が確定する見込みだ。

　二人は判決後の記者会見で、「だんだん体が軽くなり、無罪になるっていいな」、「力が抜けちゃったですね。」と語り目を潤ませた。裁判から有罪が確定、再審請求書でも主張は退けられたが、刑務所の外で支援の輪が広がって、二人の自白や目撃証言の信用性が低いことが明らかになった。晴れ晴れとした表情の二人は「真実が勝った。」と声をそろえた。

20 × 20

よく読み取れています。文章構成も明確です。400字ピッタリ！すばらしい縮約です。

「さすがＡさん。最初からこんなにすばらしい縮約が書けて…」

「こんどは私の縮約が選ばれるように、がんばろう！」

5．縮約練習帳

第１回　英王子とキャサリン妃　愛　笑顔　喝采　2011・4・30　朝日新聞
1200 字

◇テーマの導入

＊王室についてどう思いますか。

＊王室の人として生きていくことについてどう思いますか。

＊あなたが結婚に望むことは何ですか。

◇語彙・表現の音読

英王子とキャサリン妃

故ダイアナ元妃	こダイアナもとひ
沿道	えんどう
喝采	かっさい

愛　笑顔　喝采

大主教	だいしゅきょう
厳か	おごそか
祭壇	さいだん
宣誓	せんせい
薬指	くすりゆび
歴代	れきだい
葬儀	そうぎ
由緒ある	ゆいしょある
聖歌隊	せいかたい
賛美歌	さんびか
挙式	きょしき
埋め尽くす	うめつくす
口づけを交わす	くちづけをかわす
祝福の歓呼	しゅくふくのかんこ

シリア大使の招待取り消し

強硬鎮圧	きょうこうちんあつ
独裁体制	どくさいたいせい
人権団体	じんけんだんたい
勲位	くんい
弁明する	べんめいする

ロンドンで29日、結婚式を終え、バッキンガム宮殿のバルコニーでキスするウィリアム王子とキャサリン妃＝ＡＰ

英王子とキャサリン妃、結婚

英国のチャールズ皇太子と故ダイアナ元妃の長男で王位継承順位２位のウィリアム王子(28)が29日、ロンドンのウェストミンスター寺院でケイト・ミドルトンさん(29)と結婚式を挙げた。式には各国の王族ら1900人が出席、沿道では大勢の観衆が祝福した。

▶６面＝世界の20億人が見守る

「未来の国王」が一般家庭出身の女性と結婚するのは、1660年のヨーク公（のちのジェームズ２世）以来、約350年ぶり。ケイトさんは「ケンブリッジ公爵夫人」の称号を与えられ、今後は愛称の「ケイト」ではなく、正式名を使い「キャサリン妃」と呼ばれる。チャールズ皇太子とダイアナ元妃の結婚式から30年。両親の離婚、母の死で傷ついた王室の威信回復も、王子夫妻の大きな役割となる。日本の皇太子夫妻は、東日本大震災を受け、式への出席を取りやめた。（ロンドン＝伊東和貴）

㊤ウェストミンスター寺院で行われたウィリアム王子とキャサリン妃の結婚式㊦結婚式を終えた2人＝いずれもＡＰ。馬車でパレードし、沿道の人たちに笑顔で手を振った

英王子とキャサリン妃

愛 笑顔 喝采

ロンドンのウェストミンスター寺院で29日に行われたウィリアム英王子とキャサリン妃の結婚式。国民に愛された故ダイアナ元妃の愛息と一般家庭出身の女性が育んだ愛に、沿道では約100万人が喝采をおくり、世界で推定20億人がテレビで見守った。 ▼1面参照

午前11時（日本時間午後7時）すぎ、英国国教会のウィリアムズ・カンタベリー大主教によって、式が厳かに始まった。王子は真っ赤な英軍の制服、キャサリン妃はクリーム色がかった白色のウエディングドレスをまとい、祭壇に進んだ。

約1900人の招待客が見守るなか、大主教が愛の誓いの言葉を読み上げると、2人は順番に「アイ・ウィル（はい）」と宣誓。王子は、ウェールズ産の金でつくられた指輪をキャサリン妃の左薬指にはめた。

キャサリン妃は故ダイアナ元妃の時と同じく、伝統的に使われた「（夫に）従います」の言葉は使わなかった。大学で恋に落ち、別れも経験した現代的なカップルの対等な関係を印象づけた。歴代の王が眠り、ダイアナ元妃の葬儀も営まれた由緒ある寺院に、聖歌隊の賛美歌が響き渡った。

挙式後、王子夫妻は寺院の外に姿を現し、馬車でバッキンガム宮殿までパレード。沿道には赤、青、白の英国旗・ユニオンジャックが至る所にはためき、2人が手を振ると観衆から大きな歓声が上がった。

午後1時25分、宮殿のバルコニーに立った2人は、笑顔でキス。広場を埋め尽くした観衆の要望にこたえ、もう一度口づけを交わした。祝福の歓呼の中、ヨークシャー州から宮殿前に駆けつけた元商店勤務のローズ・ヘルムさん(62)は「ケイト（＝キャサリン妃の愛称）さんは本当に愛らしくて賢い。英王室の新しいスタートになる」と興奮気味だった。東日本大震災を受け、「がんばれ日本」と書かれた日の丸を振る人もいた。

寺院そばのトラファルガー広場では、多くの市民が巨大な画面で式の様子を見守った。ロンドンのビデオ編集者トム・クラークソンさん(22)は「この結婚式は国をひとつにしてくれるし、世界が我々を見てくれる。英国が景気後退から抜け出そうとしている時だからこそ、みんなを元気づけてくれる」と話した。

（ロンドン＝伊東和貴、有田哲文）

ウィリアム王子とキャサリン妃

王子はチャールズ皇太子と故ダイアナ元妃の長男で、王位継承順位は皇太子に次ぎ2位。キャサリン妃は英バークシャー州生まれ。父は元航空会社社員、母は元客室乗務員という一般家庭出身。スポーツ好きで、ファッションセンスにも定評がある。

2人は、王子がヘリ操縦士として働くウェールズの空軍基地近くのコテージで暮らす。

■ウィリアム王子夫妻の歩み

1981年	チャールズ皇太子とダイアナ妃が結婚
82年	王子、キャサリン妃生まれる
96年	皇太子夫妻が離婚
97年	ダイアナ元妃、パリで交通事故死
2001年	ともに英スコットランドのセントアンドルーズ大学入学
02年	友人らと計4人で共同生活を始める
04年	スキー場でのデートを報じられ、交際発覚
07年	4月に2人の破局報道。7月、故ダイアナ元妃の追悼コンサートにともに出席
10年	王子、旅先のケニアでプロポーズし、母の形見の指輪を贈る。婚約発表

極秘だったドレスは…

サラ・バートンさんデザイン すそは2.7㍍

極秘にされていたキャサリン妃のウエディングドレスはクリーム色と白のサテンで、レースの花柄のアップリケがちりばめられた。英人気ブランド「アレキサンダー・マックイーン」のサラ・バートンさんが、「伝統とモダンさの組み合わせ」という妃の要望に沿ってデザインした。

アップリケの花はバラ、アザミ、ラッパスイセン、クローバー。英国を構成する4地方、イングランド、スコットランド、ウェールズ、北アイルランドを象徴している。注目されたすその長さは2・7㍍。ダイアナ元妃は7・6㍍だった。

ダイヤモンドのティアラは1936年のカルティエ製で、エリザベス女王が自身の18歳の誕生日にもらったものを借用した。イヤリングは両親がプレゼントした。（伊東和貴）

シリア大使の招待取り消し

デモ強硬鎮圧考慮か

挙式には欧州・中東の王族や英国と国交のある各国大使も招かれた。だが、市民デモへの強硬鎮圧に批判が強まるシリアの大使への招待は取り消され、バーレーンの皇太子は出席を辞退した。

式には約1900人が招待されたが、独裁体制や反政府デモへの強硬路線をとる国の王族や大使が含まれたことを人権団体が批判していた。英外務省は政治介入ではなく、王室の判断であることを強調した。

また、野党・労働党のブレア、ブラウン両元首相が招かれなかった一方、与党・保守党のメージャー元首相は招待され、「王室は政党をえこひいきすべきではない」との批判も。王室側は「ブレア、ブラウン両氏は（メージャー氏と異なり）勲位を持っていない」と弁明した。

（ロンドン＝沢村亙）

愛　笑顔　喝采

英王子とキャサリン妃

ロンドンのウェストミンスター寺院で29日に行われたウィリアム王子とキャサリン妃の結婚式。国民に愛された故ダイアナ元妃の愛息と一般家庭出身の女性が育んだ愛に、沿道では約100万人が喝采をおくり、世界で推定20億人がテレビで見守った。

午前11時（日本時間午後7時）すぎ、英国国教会のウィリアムズ・カンタベリー大主教によって、式が厳かに始まった。王子は真っ赤な英軍の制服、キャサリン妃はクリーム色がかった白色のウエディングドレスをまとい、祭壇に進んだ。

約1900人の招待客が見守るなか、大主教が愛の誓いの言葉を読み上げると、2人は順番に「アイ・ウィル（はい）」と宣誓。王子は、ウェールズ産の金でつくられた指輪をキャサリン妃の左薬指にはめた。

キャサリン妃は故ダイアナ元妃のときと同じく、伝統的に使われた「（夫に）従います」の言葉は使わなかった。大学で恋に落ち、別れも経験した現代的なカップルの対等な関係を印象づけた。歴代の王が眠り、ダイアナ元妃の葬儀も営まれた由緒ある寺院に、聖歌隊の賛美歌が響き渡った。

挙式後、王子夫妻は寺院の外に姿を現し、馬車でバッキンガム宮殿までパレード。沿道には赤、青、白の英国旗・ユニオンジャックが至る所にはためき、2人が手を振ると観衆から大きな歓声が上がった。

午後1時25分、宮殿のバルコニーに立った2人は、笑顔でキス。広場を埋め尽くした観衆の要望にこたえ、もう一度口づけを交わした。祝福の歓呼の中、ヨークシャー州から宮殿前に駆けつけた元商店勤務のローズ・ヘルムさん（62）は「ケイト（＝キャサリン妃の愛称）さんは本当に愛らしくて賢い。英王室の新しいスタートになる」と興奮気味だった。東日本大震災を受け、「がんばれ日本」と書かれた日の丸を振る人もいた。

寺院そばのトラファルガー広場では、多くの市民が巨大な画面で式の様子を見守った。ロンドンのビデオ編集者トム・クラークソンさん（22）は「この結婚式は国をひとつにしてくれるし、世界が我々を見てくれる。英国が景気後退から抜け出そうとしている時だからこそ、みんなを元気づけてくれる」と話した。

シリア大使の招待取り消し

挙式には欧州・中東の王族や英国と国交のある各国大使も招かれた。だが、市民デモへの強行鎮圧に批判が強まるシリアの大使への招待は取り消され、バーレーンの皇太子は出席を辞退した。

式には約1900人が招待されたが、独裁体制や反政府デモへの強硬路線をとる国の王族や大使が含まれていたことを人権団体が批判していた。英外務省は政治介入ではなく、王室の判断であることを強調した。

また、野党・労働党のブレア・ブラウン両元首相が招かれなかった一方、与党・保守党のメージャー元首相は招待され、「王室は政党をえこひいきすべきではない」との批判も。王室側は「ブレア、ブラウン両氏は（メージャー氏と異なり）勲位を持っていない」と弁明した。

2011・4・30
朝日新聞

愛　笑顔　喝采

英王子とキャサリン妃

ロンドンのウェストミンスター寺院で29日に行われたウィリアム王子とキャサリン妃の結婚式。国民に愛された故ダイアナ元妃の愛息と一般家庭出身の女性が育んだ愛に、沿道では約100万人が喝采をおくり、世界で推定20億人がテレビで見守った。

午前11時（日本時間午後7時）すぎ、英国国教会のウィリアムズ・カンタベリー大主教によって、式が厳かに始まった。王子は真っ赤な英軍の制服、キャサリン妃はクリーム色がかった白色のウエディングドレスをまとい、祭壇に進んだ。

約1900人の招待客が見守るなか、大主教が愛の誓いの言葉を読み上げると、2人は順番に「アイ・ウィル（はい）」と宣誓。王子は、ウェールズ産の金でつくられた指輪をキャサリン妃の左薬指にはめた。

キャサリン妃は故ダイアナ元妃のときと同じく、伝統的に使われた「（夫に）従います」の言葉は使わなかった。大学で恋に落ち、別れも経験した現代的なカップルの対等な関係を印象づけた。歴代の王が眠り、ダイアナ元妃の葬儀も営まれた由緒ある寺院に、聖歌隊の賛美歌が響き渡った。

挙式後、王子夫妻は寺院の外に姿を現し、馬車でバッキンガム宮殿までパレード。沿道には赤、青、白の英国旗・ユニオンジャックが至る所にはためき、2人が手を振ると観衆から大きな歓声が上がった。

午後1時25分、宮殿のバルコニーに立った2人は、笑顔でキス。広場を埋め尽くした観衆の要望にこたえ、もう一度口づけを交わした。祝福の歓呼の中、ヨークシャー州から宮殿前に駆けつけた元商店勤務のローズ・ヘルムさん（62）は「ケイト（＝キャサリン妃の愛称）さんは本当に愛らしくて賢い。英王室の新しいスタートになる」と興奮気味だった。東日本大震災を受け、「がんばれ日本」と書かれた日の丸を振る人もいた。

寺院そばのトラファルガー広場では、多くの市民が巨大な画面で式の様子を見守った。ロンドンのビデオ編集者トム・クラークソンさん（22）は「この結婚式は国をひとつにしてくれるし、世界が我々を見てくれる。英国が景気後退から抜け出そうとしている時だからこそ、みんなを元気づけてくれる」と話した。

シリア大使の招待取り消し

挙式には欧州・中東の王族や英国と国交のある各国大使も招かれた。だが、市民デモへの強行鎮圧に批判が強まるシリアの大使への招待は取り消され、バーレーンの皇太子は出席を辞退した。

式には約1900人が招待されたが、独裁体制や反政府デモへの強硬路線をとる国の王族や大使が含まれたことを人権団体が批判していた。英外務省は政治介入ではなく、王室の判断であることを強調した。

また、野党・労働党のブレア・ブラウン両元首相が招かれなかった一方、与党・保守党のメージャー元首相は招待され、「王室は政党をえこひいきすべきではない」との批判も。王室側は「ブレア、ブラウン両氏は（メージャー氏と異なり）勲位を持っていない」と弁明した。

朝日新聞　2011・4・30

傍線は中心文を示す。

英王室とキャサリン王妃　縮約

　ロンドンのウェストミンスター寺院で29日に行われたウィリアム英王子とキャサリン妃の結婚式。国民に愛された故ダイアナ元妃の愛息と一般家庭出身の女性が育んだ愛に、沿道では約100万人が喝采をおくり、世界で推定20億人がテレビで見守った。

　午前11時すぎ、英国国教会のウィリアムズ・カンタベリー大主教によって式が厳かに始まった。大主教が愛の誓いの言葉を読み上げると二人は「アイウィル」と宣誓。伝統的に使われた「従います」の言葉は使わなかった。大学で恋に落ち、別れも経験した現代的なカップルの対等な関係を印象づけた。

　挙式後、王子夫妻は馬車でバッキンガム宮殿までパレード。2人が手を振ると観衆から大きな歓声が上がった。宮殿のバルコニーに立った2人は、笑顔でキス。広場を埋め尽くした観衆の要望にこたえ、もう一度口づけを交わした。広場では多くの市民が見守った。

20 × 20

第2回　ビンラディン容疑者殺害　2011・5・3　朝日新聞　1300字

◇ テーマの導入

＊ 2001・9・11 米同時多発テロについて知っていますか。

＊グローバル化から取り残されたイスラム世界についてどう思いますか。

＊テロを撲滅するためにどのような行動が必要だと思いますか。

◇語彙・表現の音読

9・11 テロ首謀者―米部隊がパキスタンで

容疑者	ようぎしゃ
首謀者	しゅぼうしゃ
米同時多発テロ	べいどうじたはつテロ
声明	せいめい
遺体	いたい
節目を迎える	ふしめをむかえる
冒頭	ぼうとう
拘束	こうそく
殺害	さつがい
就任以来	しゅうにんいらい
最優先課題	さいゆうせんかだい
潜伏	せんぷく
身柄を確保する	みがらをかくほする
襲撃	しゅうげき
銃撃戦の末に死亡	じゅうげきせんのすえにしぼう
側近	そっきん
頭部に銃弾を受ける	とうぶにじゅうだんをうける
ＤＮＡ鑑定	ＤＮＡかんてい
水葬する	すいそうする
壊滅的な打撃	かいめつてきなだげき
報復テロ	ほうふくテロ
警戒を呼びかける	けいかいをよびかける
配慮	はいりょ
引渡しを要求	ひきわたしをようきゅう
踏み切る	ふみきる
～で財をなす	～でざいをなす
侵攻	しんこう
湾岸戦争	わんがんせんそう
米軍駐留	べいぐんちゅうりゅう
反米闘争	はんべいとうそう

タリバーン「米に報復」

反政府武装勢力	はんせいふぶそうせいりょく
殉教	じゅんきょう

ビンラディン容疑者殺害

9・11テロ首謀者
米部隊がパキスタンで

オサマ・ビンラディン容疑者が録画ビデオで声明を発表する様子が01年11月に放送された＝ロイター

オバマ米大統領は1日夜（日本時間2日）、ホワイトハウスで、2001年の米同時多発テロを首謀したとされる国際テロ組織アルカイダの指導者オサマ・ビンラディン容疑者が死亡したとする声明を発表した。米軍などがパキスタンの首都イスラマバード近郊で殺害し、遺体も確保したという。同容疑者の死亡によって、約10年に及ぶ米国のテロとの戦いは大きな節目を迎えた。

オバマ大統領は声明の冒頭で、ビンラディン容疑者が「数千人の無実の男女や子どもを殺害した責任を負う」とし、「米国の作戦によって死亡したと、米国民と世界に報告する」と語った。ビンラディン容疑者を拘束または殺害することが就任以来の最優先課題だったとし、「アルカイダ打倒の戦いの中で、最も大きな成果」と強調した。

米政府高官によると、米中央情報局（CIA）が昨夏、ビンラディン容疑者がパキスタンに潜伏しているとの情報を入手。その後、同国北部アボタバードの潜伏先を特定した。オバマ大統領は4月29日、身柄を確保するための作戦を許可した。

作戦は現地時間の2日未明に実施され、小規模の実行部隊がヘリコプターを使って潜伏先を襲撃。ビンラディン容疑者は銃撃戦の末に死亡し、遺体は米側が確保した。同容疑者の側近2人や息子らも死亡した。

米メディアによると、実行部隊は米海軍特殊部隊（SEALS）とCIAの軍事部門。ビンラディン容疑者は襲撃に抵抗し、頭部に銃弾を受けた。米当局は身元の確認のため、遺体のDNA鑑定を実施しているという。一方、AP通信によると、同容疑者の遺体はすでに水葬された。イスラム教の慣習で死後24時間以内に埋葬すべきだとしていることや、遺体の受け入れ国を探すのが困難なことなどが理由という。

米政府高官は、ビンラディン容疑者の死亡について「アルカイダや関連武装勢力に壊滅的な打撃となる」と指摘。一方、指導者を失ったアルカイダ側が「米国を攻撃する努力を加速させかねない」とし、米政府が世界各地の大使館に「報復テロ」への警戒を呼びかけたことを明らかにした。

オバマ大統領も「我々は国内外で警戒心を保たねばならない」と述べたが、イスラム世界への配慮から「米国はイスラム世界と戦争しているわけではない」とも強調した。

米同時多発テロの直後、ブッシュ前米大統領はアフガニスタンのタリバーン政権（当時）に対し、国内に潜伏しているとされた同容疑者の引き渡しを要求したが、タリバーン側が拒否。これを受けて米英軍はアフガン攻撃に踏み切った。

ビンラディン容疑者は、1957年、サウジアラビアで建設業で財をなした富豪を父に生まれた。旧ソ連がアフガンに侵攻した79年以降にイスラム・ゲリラに参加。91年の湾岸戦争でサウジが米軍駐留を認めたことへの反発から反米闘争を始めた。（ワシントン＝望月洋嗣）

タリバーン「米に報復」

パキスタンの反政府武装勢力パキスタン・タリバーン運動（TTP）の報道官は2日、AFP通信に対し、「（ビンラディン容疑者の）殉教が事実なら、我々はパキスタン、米国両政府に対し報復する」と語った。（イスラマバード＝五十嵐誠）

世界の矛盾が生み出した男

立野　純二
アメリカ総局長

オサマ・ビンラディン容疑者の背丈は2㍍近い。その長身もすっぽり隠す高い防壁が隠れ家を覆っていたという。米国が超大国としての威信と5千万㌦（約41億円）の懸賞金をかけて追い続けた希代のテロリストは意外にも、パキスタンの首都に近い都市の中で家族と息を潜めていた。

「ビンラディン」とは何だったのか。冷戦が終わった90年代初め以降、世界で存在感を高めたイスラム過激派の破壊主義者であり、9・11事件を首謀して3千近い人命を奪った大量殺人容疑者である。米特殊部隊による殺害について、欧州各国が「偉大な成功」（キャメロン英首相）、「すべての民主国の勝利」（フランス外相）と肯定するのも無理はない。

だが、この報を聞いて、米欧と同じく反テロ姿勢を続けてきたはずのサウジアラビアなど中東の各国政府が沈黙を守るのはなぜか。それは多分に、ビンラディンの思想の一部に、かなりの人々が共鳴できる要素が含まれており、それはビンラディンの死後もなお生き続けることを統治者たちが熟知しているからだ。

無差別殺人に手を染めたビンラディンは犯罪者であって、革命家ではあり得なかった。だが、その訴えに通底していたのは、大国のエゴに対する憤りだった。80年代はアフガニスタンに侵攻した旧ソ連軍と戦い、冷戦後は一極支配体制に入った米国に戦いを挑んだ男に、とくにグローバル化から取り残された途上国で、英雄と見る視線が注がれたことも確かだ。

この10年間の世界の記憶をたどれば、米ニューヨークの世界貿易センタービルが崩れ落ちる惨状と並んで、イラクとアフガンの幾万の人々が多国籍軍による攻撃と自国の内乱で殺された過去がよみがえる。テロという悪への対抗心にはやり、大義のない戦争という悪に米欧も日本も走ってしまった良心の呵責《かしゃく》が、ビンラディンの死につきまとう。

一筋の救いは、中東・北アフリカの「アラブの春」だ。欧米の自由主義を敵とするビンラディンの詭弁《きべん》に乗らず、自国の独裁の壁を打ち破って未来をつかもうとする民衆の情熱こそが、イスラム過激派の病の根本を絶つ希望をはぐくむ。暴力活動の根源は、貧困であり差別であり、人間の尊厳がないがしろにされる世界の矛盾だからだ。

無差別テロというゆがんだ思想を生んだ矛盾にいま一度、世界が目を向けない限り、ビンラディンは生き続ける。米欧も、そして日本も、9・11事件直後に考えた平和の処方箋に改めて思いを巡らす時だ。

被災者数（2日現在 警察庁まとめ）

死亡	14,728人
行方不明	10,808人
避難	126,120人

2011年5月3日朝日新聞

・・・作業用新聞記事・・・

ビンラディン容疑者殺害

9・11テロ首謀者

米部隊がパキスタンで

オバマ米大統領は1日夜（日本時間2日）、ホワイトハウスで、２００１年の米同時多発テロを首謀したとされる国際テロ組織アルカイダの指導者オサマ・ビンラディン容疑者が死亡したとする声明を発表した。米軍などがパキスタンの首都イスラマバード近郊で殺害し、遺体も確保したという。同容疑者の死亡によって、約10年に及ぶ米国のテロとの戦いは大きな節目を迎えた。

オバマ大統領は声明の冒頭で、ビンラディン容疑者が「数千人の無実の男女や子どもを殺害した責任を負う」とし、「米国の作戦によって死亡したと、米国民と世界に報告する」と語った。ビンラディン容疑者を拘束または殺害することが就任以来の最優先課題だったとし、「アルカイダ打倒の戦いの中で、最も大きな成果」と強調した。

米政府高官によると、米中央情報局（ＣＩＡ）が昨夏、ビンラディン容疑者がパキスタンに潜伏しているとの情報を入手。その後、同国北部アボタバードの潜伏先を特定した。オバマ大統領は4月29日、身柄を確保するための作戦を許可した。

作戦は現地時間の2日未明に実施され、小規模の実行部隊がヘリコプターを使って潜伏先を襲撃。ビンラディン容疑者は銃撃戦の末に死亡し、遺体は米側が確保した。同容疑者の側近2人や息子らも死亡した。

米メディアによると、実行部隊は米海軍特殊部隊（ＳＥＡＬＳ）とＣＩＡの軍事部門。ビンラディン容疑者は襲撃に抵抗し、頭部に銃弾を受けた。米当局は身元の確認のため、遺体のＤＮＡ鑑定を実施しているという。一方、ＡＰ通信によると、同容疑者の遺体はすでに水葬された。イスラム教の慣習で24時間以内に埋葬すべきだとしていることや、遺体の受け入れ国を探すのが困難なことが理由という。

米政府高官は、ビンラディン容疑者の死亡について「アルカイダや関連武装勢力に壊滅的な打撃となる」と指摘。一方、指導者を失ったアルカイダ側が「米国を攻撃する努力を加速させかねない」とし、米政府が世界各地の大使館に「報復テロ」への警戒を呼びかけたことを明らかにした。

オバマ大統領も「我々は国内外で警戒心を保たねばならない」と述べたが、イスラム世界への配慮から「米国はイスラム世界と戦争しているわけではない」とも強調した。

米同時多発テロの直後、ブッシュ前米大統領はアフガニスタンのタリバーン政権（当時）に対し、国内に潜伏しているとされた同容疑者の引き渡しを要求したが、タリバーン側が拒否。これを受けて米英軍はアフガン攻撃に踏み切った。

ビンラディン容疑者は、１９５７年、サウジアラビアで建設業で財をなした富豪を父に生まれた。旧ソ連がアフガンに侵攻した79年以降にイスラム・ゲリラに参加。91年の湾岸戦争でサウジが米軍駐留を認めたことへの反発から反米闘争を始めた。

タリバーン「米に報復」

パキスタンの反政府武装勢力パキスタン・タリバーン運動（ＴＴＰ）の報道官は2日、「（ビンラディン容疑者の）殉教が事実なら、我々はパキスタン、米国両政府に対し報復する」と語った。

２０１１・５・３　朝日新聞

ビンラディン容疑者殺害

9・11テロ首謀者

米部隊がパキスタンで

オバマ米大統領は1日夜(日本時間2日)、ホワイトハウスで、２００１年の米同時多発テロを首謀したとされる国際テロ組織アルカイダの指導者オサマ・ビンラディン容疑者が死亡したとする声明を発表した。米軍などがパキスタンの首都イスラマバード近郊で殺害し、遺体も確保したという。同容疑者の死亡によって、約10年に及ぶ米国のテロとの戦いは大きな節目を迎えた。

オバマ大統領は声明の冒頭で、ビンラディン容疑者が「数千人の無実の男女や子どもを殺害した責任を負う」とし、「米国の作戦によって死亡したと、米国民と世界に報告する」と語った。ビンラディン容疑者を拘束または殺害することが就任以来の最優先課題だったとし、「アルカイダ打倒の戦いの中で、最も大きな成果」と強調した。

米政府高官によると、米中央情報局（ＣＩＡ）が昨夏、ビンラディン容疑者がパキスタンに潜伏しているとの情報を入手。その後、同国北部アボタバードの潜伏先を特定した。オバマ大統領は4月29日、身柄を確保するための作戦を許可した。

作戦は現地時間の2日未明に実施され、小規模の実行部隊がヘリコプターを使って潜伏先を襲撃。ビンラディン容疑者は銃撃戦の末に死亡し、遺体は米側が確保した。同容疑者の側近2人や息子らも死亡した。

米メディアによると、実行部隊は米海軍特殊部隊（ＳＥＡＬＳ）とＣＩＡの軍事部門。ビンラディン容疑者は襲撃に抵抗し、頭部に銃弾を受けた。米当局は身元の確認のため、遺体のＤＮＡ鑑定を実施しているという。一方、ＡＰ通信によると、同容疑者の遺体はすでに水葬された。イスラム教の慣習で24時間以内に埋葬すべきだとしていることや、遺体の受け入れ国を探すのが困難なことが理由という。

米政府高官は、ビンラディン容疑者の死亡について「アルカイダや関連武装勢力に壊滅的な打撃となる」と指摘。一方、指導者を失ったアルカイダ側が「米国を攻撃する努力を加速させかねない」とし、米政府が世界各地の大使館に「報復テロ」への警戒を呼びかけたことを明らかにした。

オバマ大統領も「我々は国内外で警戒心を保たねばならない」と述べたが、イスラム世界への配慮から「米国はイスラム世界と戦争しているわけではない」とも強調した。

米同時多発テロの直後、ブッシュ前米大統領はアフガニスタンのタリバーン政権（当時）に対し、国内に潜伏しているとされた同容疑者の引き渡しを要求したが、タリバーン側が拒否。これを受けて米英軍はアフガン攻撃に踏み切った。

ビンラディン容疑者は、１９５７年、サウジアラビアで建設業で財をなした富豪を父に生まれた。旧ソ連がアフガンに侵攻した79年以降にイスラム・ゲリラに参加。91年の湾岸戦争でサウジが米軍駐留を認めたことへの反発から反米闘争を始めた。

タリバーン「米に報復」

パキスタンの反政府武装勢力パキスタン・タリバーン運動（ＴＴＰ）の報道官は2日、「（ビンラディン容疑者の）殉教が事実なら、我々はパキスタン、米国両政府に対し報復する」と語った。

２０１１・５・３
朝日新聞

傍線は中心文を示す。

　　　ビンラディン容疑者殺害　縮約
　オバマ米大統領は1日夜ホワイトハウスで
2001年の米同時多発テロを首謀したとされる
国際テロ組織アルカイダの指導者オサマ・ビ
ンラディン容疑者が死亡したとする声明を発
表した。米軍などがパキスタンの首都イスラ
マバード近郊で殺害し、遺体も確保したとい
う。同容疑者の死亡によって、約10年に及ぶ
米国のテロとの戦いは大きな節目を迎えた。
　オバマ大統領は声明で「数千人の無実の男
女や子どもを殺害した責任を負う」とし、「
アルカイダ打倒の戦いの中で、最も大きな成
果」と強調した。
　作戦は小規模の実行部隊がヘリコプターを
使って潜伏先を襲撃。ビンラディン容疑者は
銃撃戦の末に死亡し、遺体は米側が確保した
。ビンラディン容疑者は、1957年サウジアラ
ビアで建設業で財をなした富豪を父に生まれ
た。91年の湾岸戦争でサウジが米軍駐留を認
めたことへの反発から反米闘争を始めた。

20 × 20

第３回　岐路に立つ電力文明　持続可能な暮らしを求めて

2011・4・4　朝日新聞　1800 字

◇ テーマの導入

＊原子力発電についてどう思いますか。

＊あなたの国の電力供給源は何ですか。

＊将来どのような電力供給源が必要だと思いますか。

◇語彙・表現の音読

岐路	きろ
持続可能	じぞくかのう
梅棹忠夫	うめさおただお
著す	あらわす
文明の生態史観	ぶんめいのせいたいしかん
張り巡らす	はりめぐらす
膨大な	ぼうだいな
交通通信網	こうつうつうしんもう
磨きをかける	みがきをかける
源	みなもと

原発神話から脱する

原発神話	げんぱつしんわ
うなぎ登り	うなぎのぼり
衰え	おとろえ
便座	べんざ
オール電化	オールでんか
滞る	とどこおる
想定する	そうていする
原子力	げんしりょく
優等生	ゆうとうせい
二酸化炭素	にさんかたんそ
担う	になう
慢心	まんしん
不倒神話	ふとうしんわ
前例	ぜんれい
襲来する	しゅうらいする
指摘	してき
無視する	むしする

災害が変えた世界史

克服	こくふく
手間取る	てまどる
覚悟する	かくごする
破局的事態	はきょくてきじたい
維持する	いじする
原子力頼り	げんしりょくだより
危うさ	あやうさ
阪神・淡路大震災	はんしん・あわじだいしんさい
防災	ぼうさい
河田惠昭	かわだよしあき
紀元前	きげんぜん
地中海	ちちゅうかい
衰退する	すいたいする
列強	れっきょう
弱体化	じゃくたいか
神学的	しんがくてき
転換する	てんかんする
契機になる	けいきになる
指摘	してき

自然生かし効率よく

効率	こうりつ
化石燃料	かせきねんりょう
先祖返り	せんぞがえり
地熱	ちねつ
総動員	そうどういん
従来型	じゅうらいがた
電力供給	でんりょくきょうきゅう
発電所	はつでんしょ
賄う	まかなう
仕組み	しくみ
甚だしい	はなはだしい
地産地消	ちさんちしょう
子孫	しそん
共生の道	きょうせいのみち
希望	きぼう

社説 Editorials

岐路に立つ電力文明

持続可能な暮らし求めて

昨年亡くなった梅棹忠夫氏が半世紀前に著した「文明の生態史観」は日本を「高度文明国」の一つと位置づけている。

「巨大な工業力」「全国に張り巡らされた膨大な交通通信網」「豊富な物資、生活水準の高さ」「高い平均年齢、低い死亡率」などがその特徴である。

現在まで、日本はその文明に磨きをかけてきた。豊富で安定的に供給される電力こそが、その必要条件だった。電力は国力であり産業、生活の源だった。

原発神話から脱する

電力需要は戦後、ほぼうなぎ登りで増え続けてきた。高度成長が終わり、安定成長を迎え、デフレ経済といわれるようになっても衰えをみせなかった。

一世帯当たりの月間電力消費量も1970年の3倍近くに。エアコンにパソコンにインターネット、トイレの便座……。電力は暮らしを支えた。オール電化なる言葉もあった。

その電力供給が滞るなど、ほとんどの人が想定しなかった。

原子力は優等生に見えた。「国際情勢の影響を受けず安定供給できる」「石油と違い二酸化炭素（CO_2）を出さない」として電力全体の3割を担い、さらに増やす計画もあった。

慢心が生まれた。旧ソ連チェルノブイリや米スリーマイル島のような深刻な事故は、日本では起きないという不倒神話だ。

2004年12月、大地震に伴うインド洋大津波という前例があった。福島原発の周辺地域でも、過去に大津波が襲来したという指摘もあった。しかし結果としては無視されてきた。そして「想定を大きく超える津波」（清水正孝東京電力社長）に、原発はあまりにもろかった。

歴史に学ぶのは難しい。日本がしたたかに味わった苦い経験を思い出す。90年代以降に頻発した多くの金融破綻《はたん》である。

それまで銀行はつぶれぬものと言われた。起きてはならないことは現実に起きない。だから国有化や公的資金注入の仕組みもなかった。しかし、あり得ぬことが現実になって最悪に備えた制度や法律が整備された。

神話を捨て、現実を見据えるほかなかったのだ。

災害が変えた世界史

原発の神話の克服はこれからである。事故処理に手間取り、最悪のケースも覚悟するような破局的事態。他方、残った電力だけでは、生活も産業も、これまで通りを維持することはできない。さらにその残りすら、なお原子力頼りという危うさだ。

自然災害は、人と文明に大きな変化を促すきっかけになることがある。阪神・淡路大震災記念 人と防災未来センター長の河田惠昭《よしあき》さんが著書「津波災害」で二つの例を紹介する。

紀元前2000年ごろから同1400年ごろ、地中海クレタ島などで栄えたミノア文明は大噴火で発生した大津波が原因の一つとなって衰退したという。

1755年、リスボンを大津波が襲った。死者6万2千人から9万人。列強の中でポルトガルの弱体化が進んだ。

ただ、この経験が、神学的な世界観を転換させ、近代的、自然科学的な思考を育む契機になったという指摘もある。

私たちは大きな岐路にいる。原子力に大きく頼るままの電力文明にしがみついて生きていくか。それとも、別の文明のかたちを追求していくか。

原発がこれほどのもろさを露呈したいま、依存しない、あるいは依存度を極力小さくした社会を構想すべきではないのか。

自然生かし効率よく

CO_2を出す化石燃料依存へと、単純な先祖返りはできない。ならば太陽光、風力、地熱など再生可能な自然エネルギーを総動員する必要がある。

従来型の電力供給システムの弱点もはっきりした。地方に巨大な発電所を集中させ、離れた大都市の需要を賄わせる仕組みでは、事故があったときの影響の拡大が甚だしい。

分散して電力を生み出し、それを出来るだけ近くで消費してロスを少なくする「地産地消」の取り組みを強めたい。

効率よく電力を使う工夫も欠かせない。サマータイムなど、地域ごとにエネルギーの消費時間をずらすことができないか。

東電など全国9電力体制の存続には疑義がある。小回りの利く発送電が出来る自由化や再編が必要だ。東日本の危機に西日本から都合出来る電力は余りに小さい。東西の周波数の違いも放置できない。

さて、梅棹氏はこうも言う。

「すべての人間の共通の望みがあるとしたら、『よりよいくらし』ということに違いない」

しかし際限なく「よりよいくらし」を求めた結果、文明の限界が見えてきた。もはや私たちの世代だけが、豊かで楽しく、を求めるわけにはいかない。

いま思う。少ない資源を分かち合い、持続可能な形で、地球を子孫に残す共生の道、すなわち「より人間らしいくらし」にこそ希望があるのではないか。

道は遠いが、はじめよう。

2011・4・4

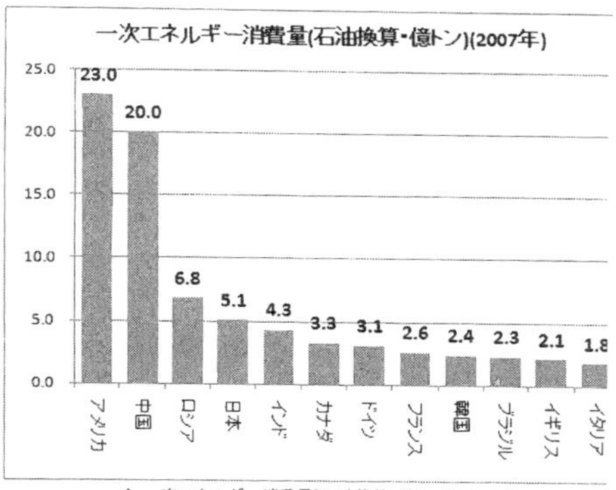

↑ 一次エネルギー消費量(石油換算・億トン)(2007年)

家庭の節電対策

（節電効果は、在宅世帯の日中の平均的消費電力に対し、その項目を実行した場合の削減率。資源エネルギー庁の資料から）

The Asahi Shimbun

	メニュー	節電効果
エアコン	設定温度を28℃を目安に2℃上げる	11%
	扇風機を使い、エアコンを使わない	50%
	「すだれ」「よしず」などで日差し緩和	10%
冷蔵庫	設定を「強」から「中」に。扉を開ける時間と保存食品を最小限に	2%
照明	日中は消灯。夜間も最小限に	5%
テレビ	必要なとき以外は消す	2%
	省エネモードに設定。画面の輝度を下げる	2%
温水洗浄便座	コンセントからプラグを抜く	いずれかで1%未満
	便座保温・温水を「オフ」に	
炊飯器	早朝にタイマー機能で1日分をまとめて炊飯	2%
待機電力（家電全般）	リモコンの電源ではなく主電源を切る。長期間使わない機器はプラグを抜く	2%

エアコンやめて扇風機

節電効果50%

東日本の今夏の電力不足に対応するため、菅政権が家庭向けに節電対策メニューをつくった＝図。家庭の削減目標は15%。メニューで示した11項目の節電効果の数字を組み合わせ、15%を超えれば目標達成だ。エアコンを扇風機に替えれば、使用電力を50%減らせる。10日に決定予定の電力需給対策に盛り込まれる。

▼3面＝電力制限令7月から

2011年4月4日朝日新聞社説

・・・作業用新聞記事・・・

岐路に立つ電力文明
持続可能な暮らしを求めて

昨年亡くなった梅棹忠夫氏が半世紀前に著した「文明の生態史観」は日本を「高度文明国」の一つと位置づけている。

「巨大な工業力」「全国に張り巡らされた膨大な交通通信網」「豊富な物資、生活水準の高さ」「高い平均年齢、低い死亡率」などがその特徴である。

現在まで、日本はその文明に磨きをかけてきた。豊富で安定的に供給される電力こそが、その必要条件だった。電力は国力であり産業、生活の源だった。

原発神話から脱する

電力需要は戦後、ほぼうなぎ登りで増え続けてきた。高度成長が終わり、安定成長を迎え、デフレ経済といわれるようになっても衰えをみせなかった。

一世帯当たりの月間電力消費量も１９７０年の３倍近くに。エアコンにパソコンにインターネット、トイレの便座……。電力は暮らしを支えた。オール電化なる言葉もあった。

その電力供給が滞るなど、ほとんどの人が想定しなかった。

原子力は優等生に見えた。「国際情勢の影響を受けず安定供給できる」「石油と違い二酸化炭素（CO_2）を出さない」として電力全体の３割を担い、さらに増やす計画もあった。

慢心が生まれた。旧ソ連チェルノブイリや米スリーマイル島のような深刻な事故は、日本では起きないという不倒神話だ。

２００４年12月、大地震に伴うインド洋大津波という前例があった。福島原発の周辺地域でも、過去に大津波が襲来したという指摘もあった。しかし結果としては無視されてきた。そして「想定を大きく超える津波」（清水正孝東京電力社長）に、原発はあまりにももろかった。

災害が変えた世界史

原発の神話の克服はこれからである。事故処理に手間取り最悪のケースも覚悟するような破局的事態。他方、残った電力だけでは、生活も産業も、これまで通りを維持することはできない。さらにその残りすら、なお原子力頼りという危うさだ。

自然災害は、人と文明に大きな変化を促すきっかけになることがある。阪神・淡路大震災記念　人と防災未来センター長の河田惠昭さんが著書「津波災害」で二つの例を紹介する。

紀元前２０００年ごろから同１４００年ごろ、地中海クレタ島などで栄えたミノア文明は大噴火で発生した大津波が原因の一つとなって衰退したという。

１７５５年、リスボンを大津波が襲った。死者６万２千人から９万人。列強の中でポルトガルの弱体化が進んだ。

ただ、この経験が、神学的な世界観を転換させ、近代的、自然科学的な思考を育む契機になったという指摘もある。

私たちは大きな岐路にいる。原子力に大きく頼るままの電力文明にしがみについて生きていくか。それとも、別の文明のかたちを追求していくか。

自然生かし効率よく

CO_2を出す化石燃料依存へと、単純な先祖返りはできない。ならば太陽光、風力、地熱など再生可能な自然エネルギーを総動員する必要がある。

従来型の電力供給システムの弱点もはっきりした。地方に巨大な発電所を集中させ、離れた大都市の需要を賄わせる仕組みでは、事故があったときの影響の拡大が甚だしい。

分散して電力を生み出し、それを出来るだけ近くで消費してロスを少なくする「地産池消」の取り組みを強めたい。

効率よく電力を使う工夫も欠かせない。サマータイムなど、地域ごとにエネルギーの消費時間をずらすことができないか。

いま思う。少ない資源を分かち合い、持続可能な形で、地球を子孫に残す共生の道、すなわち「より人間らしいくらし」にこそ希望があるのではないか。

道は遠いが、はじめよう。

２０１１・４・４
朝日新聞　社説
一部省略

岐路に立つ電力文明

持続可能な暮らしを求めて

昨年亡くなった梅棹忠夫氏が半世紀前に著した「文明の生態史観」は日本を「高度文明国」の一つと位置づけている。

「巨大な工業力」「全国に張り巡らされた膨大な交通通信網」「豊富な物資、生活水準の高さ」「高い平均年齢、低い死亡率」などがその特徴である。

現在まで、日本はその文明に磨きをかけてきた。豊富で安定的に供給される電力こそが、その必要条件だった。電力は国力であり産業、生活の源だった。

原発神話から脱する

電力需要は戦後、ほぼうなぎ登りで増え続けてきた。高度成長が終わり、安定成長を迎え、デフレ経済といわれるようになっても衰えをみせなかった。

一世帯当たりの月間電力消費量も１９７０年の３倍近くに。エアコンにパソコンにインターネット、トイレの便座……。電力は暮らしを支えた。オール電化なる言葉もあった。

その電力供給が滞るなど、ほとんどの人が想定しなかった。

原子力は優等生に見えた。「国際情勢の影響を受けず安定供給できる」「石油と違い二酸化炭素（CO_2）を出さない」として電力全体の３割を担い、さらに増やす計画もあった。

慢心が生まれた。旧ソ連チェルノブイリや米スリーマイル島のような深刻な事故は、日本では起きないという不倒神話だ。

２００４年12月、大地震に伴うインド洋大津波という前例があった。福島原発の周辺地域でも、過去に大津波が襲来したという指摘もあった。しかし結果としては無視されてきた。そして「想定を大きく超える津波」（清水正孝東京電力社長）に、原発はあまりにももろかった。

災害が変えた世界史

原発の神話の克服はこれからである。事故処理に手間取り最悪のケースも覚悟するような破局的事態。他方、残った電力だけでは、生活も産業も、これまで通りを維持することはできない。さらにその残りすら、なお原子力頼りという危うさだ。

自然災害は、人と文明に大きな変化を促すきっかけになることがある。阪神・淡路大震災記念　人と防災未来センター長の河田惠昭さんが著書「津波災害」で二つの例を紹介する。

紀元前２０００年ごろから同１４００年ごろ、地中海クレタ島などで栄えたミノア文明は大噴火で発生した大津波が原因の一つとなって衰退したという。

１７５５年、リスボンを大津波が襲った。死者６万２千人から９万人。列強の中でポルトガルの弱体化が進んだ。

ただ、この経験が、神学的な世界観を転換させ、近代的、自然科学的な思考を育む契機になったという指摘もある。

私たちは大きな岐路にいる。

原子力に大きく頼るままの電力文明にしがみについて生きていくか。それとも、別の文明のかたちを追求していくか。

自然生かし効率よく

CO_2を出す化石燃料依存へと単純な先祖返りはできない。ならば太陽光、風力、地熱など再生可能な自然エネルギーを総動員する必要がある。

従来型の電力供給システムの弱点もはっきりした。地方に巨大な発電所を集中させ、離れた大都市の需要を賄わせる仕組みでは、事故があったときの影響の拡大が甚だしい。

分散して電力を生み出し、それを出来るだけ近くで消費してロスを少なくする「地産池消」の取り組みを強めたい。

効率よく電力を使う工夫も欠かせない。サマータイムなど、地域ごとにエネルギーの消費時間をずらすことができないか。

いま思う。少ない資源を分かち合い、持続可能な形で、地球を子孫に残す共生の道、すなわち「より人間らしいくらし」にこそ希望があるのではないか。

道は遠いが、はじめよう。

２０１１・４・４
朝日新聞　社説
一部省略

傍線は中心文を示す。

岐路に立つ電力文明　縮約

　昨年亡くなった梅棹忠夫氏が半世紀前に著した「文明の生態史観」は日本を「高度文明国」の一つと位置づけている。現在まで日本はその文明に磨きをかけてきた。豊富で安定的に供給される電力が、その必要条件だった。電力供給が滞るなど、ほとんどの人が想定しなかった。原子力は優等生に見えた。日本では深刻な事故は起きないという不倒神話があった。そして「想定を大きく超える津波」に、原発はあまりにもろかった。

　原発の神話の克服はこれからである。私たちは大きな岐路にいる。原子力に大きく頼るままの文明にしがみついて生きていくか。それとも、別の文明のかたちを追求していくか。CO_2を出す化石燃料依存へと、先祖返りはできない。ならば再生可能な自然エネルギーを総動員する必要がある。少ない資源を分かち合い、持続可能な形で地球を子孫に残す共生の道に希望がある。道は遠いが始めよう。

20 × 20

第2章
新書の要約：知の世界と対話する

1．縮約の次に“新書”の要約に取り組む理由

「どうして、新書の要約をするんですか。」

「新書は要約に適しています。新書は、一つの“知の世界”（主題）をわかりやすく伝えようとして書かれた文章です。主題について書かれた文章を読んで、著者自身が最も言いたいこと（主旨）を理解し、400字で、読み手にわかるように“要約”を書く練習は、“知の世界と対話する”もっとも良い練習です。」

「長い文章はにがてです。」

「新聞の報道記事は、事実をわかりやすく簡潔に伝える目的で書かれていました。これに対して、新書は、“知の世界”を伝えるものですから、ある程度の長さをもって書かれています。一つの知の世界を伝えるためには、知の世界を“旅する”必要があるからです。誰でも、長い文章はとっつきにくいものです。しかし、その長い文章が、一つの知の世界を伝える文章である場合には、長い文章であることが、理解を助けることになります。」

「ほんとうですか。」

「初めは長い文章はとっつきにくいと感じていた学習者も、何回か練習を重ねるうちに、ある程度の長さをもった文章を読むことで、内容が理解できることに気付いていきますよ。とにかくやってみましょう。」

2．“要約”とは何ですか

「要約とは何ですか。」

「ここでの“要約”とは、約2000字で書かれた意味世界を400字にまとめる作業です。」

3　要約練習に適した新書

「どのような新書が要約に適していますか。」

「次の３つの条件をみたしたものです。

１）「コミュニケーション」「文化」「多文化共生」に関連した内容のもの

例えば

＊齋藤孝（2002）『読書力』岩波新書

＊千野栄一（1986）『外国語上達法』岩波新書

＊鈴木孝夫（1973）『ことばと文化』岩波新書

＊青木保（2001）『異文化理解』岩波新書

２）「小見出し」のなかで一つの意味世界が説明されているもの

　最近の新書は、読み手にとって身近になるように、内容のまとまりで「小見出し」がつけられ、「小見出し」が“知の世界のなかの一つの意味世界”の理解を助けるように工夫されています。

３）わかりやすく書かれたジュニア新書

例えば

＊森英樹（2004）『国際協力と平和を考える50話』

4．要約を書く手順

90分授業の構成

（1）30分：テーマの導入。語彙・表現の音読

（2）55分：個別作業　黙読→中心文をみつける→要約の完成→回収

（3）５分：指導者の要約を配布し音読

齋藤孝『読書力』の「要約を言えるということが読んだということ」「三色ボールペンで線を引く」を例に、要約の手順を説明します。

「要約を言えるということが読んだということ」	810 字
「三色ボールペンで線を引く」	780 字
合計	1590 字

(1) テーマの導入　語彙・表現の音読

◇テーマの導入

＊あなたはどんな本を、どのくらい読みますか。

＊本を読んだというのはどういうことでしょうか。

＊本を読むとき、どうやって読みますか。

◇語彙・表現の音読

読書力　　齋藤孝（岩波新書）p.17 ～ 19　p.140 ～ 143（一部省略）

語彙・表現

要約が言えるということが読んだということ

さして	
頁	ぺいじ
行き倒れる	いきだおれる
主旨	しゅし
新書系	しんしょけい
評論	ひょうろん
字面	じづら
あらすじ	
かいつまんで	
活性化する	かっせいかする

三色ボールペンで線を引く

客観的	きゃっかんてき
主観的	しゅかんてき
辿る	たどる
要旨	ようし
本筋	ほんすじ
感性	かんせい
鍛える	きたえる
切り替え	きりかえ
技	わざ
算盤	そろばん

要約を言えるということが読んだということ

よく「あの本読んだことある」という言い方がされる。本の理解度はさして問われてはいない。自分なりに読んだという基準で普通は使われている。全部を初めの頁から終わりの頁まで読み終えるケースもあるだろうし、途中で行き倒れるケースもある。

私の基準としては、本を読んだというのは、まず「要約が言える」ということだ。

全体の半分しか読んでいなくとも、その本の主旨をつかまえることは十分にできる。数頁関心を持てないところを飛ばすこともある。およそ半分以上に目を通し、要約が具体例を含んで言えるのならば、「その本は読んだ」と言えると私は考えている。小説の場合は、要約をすることが最重要課題ではないので別だが、新書系や評論の場合は、半分以上に目を通してあって要約ができれば読んだことにしてもいいと考えている。

こう考えるのには理由がある。一つは、字面をいくら目で追ったとしても、あらすじや要約が言えないようでは、読書をした効果が薄いからだ。要約できることを読んだことの条件にすることによって、いつでも要約できるかどうかを自問するようになる。「で、どういう内容だったの」と人に聞かれて、かいつまんで内容が話せるようであれば、他の人にも役に立つし、自分の読書力を向上させる目安になる。

もう一つの理由は、読んだということの規準をあまり厳しくすると、本をたくさん読みにくくなるからだ。もし全頁を読んだことが条件になるのだとすれば、どうしても数は少なくなる。

半分以上読んで内容を理解していれば、それは十分読んだということになるし、二割程度の分量を読んで八割の内容をつかめば、それは読書上手と言える。二割の分量ではさすがに読んだとまでは言えないかもしれないが、半分以上を読み、内容把握ができていれば十分ではないだろうか。「あの本読んだことがある」と言ってみたい気持ちは誰にでもある。読んだという規準を多少ゆるめに設定することで、本をめぐる会話が活性化する。

三色ボールペンで線を引く

私は自分が線を引くときには、三色ボールペンで色分けして引いている。青と赤が客観的な要約で、緑が主観的に「おもしろい」と思ったところだ。青は、「まあ大事」という程度のところに引き、赤は、本の主旨からして「すごく大事」だと考えるところに引く。赤だけ辿れば、本の基本的な要旨は取れるように引く。客観的なという意味は、読解力のある者ならばおおよそそこがその本の大事なところだと思うようなところである。それは著者が一番言いたいことと言い換えてもいい。赤をいきなり引こうとすると、緊張してなかなか引きにくいので、青を引きながらおおよその要旨やあらすじをつかんでいく。そして、その中から最重要のものを見つけるという順序でやると効率はいい。

緑は、本筋とは関係なくてよいから、自分にとっておもしろいと感じたところに引くようにする。これは、他の人が目を付けないようなところに目を付けたり、自分の感性で独自に反応したりしたところに引くと、緑らしさが出る。

主観と客観を完全に分けることは難しい場合もあるが、主観と客観をとりあえず分ける練習をすることには意味がある。自分ひとりが感じていることと、誰もが感じていることとでは、意味が違う。勝手な読み方をしていては、本の読解力はつかない。

本を要約できる力は、読解の基本だ。要約力がなければ本を読んではいけないということではない。むしろ、読書を通じて要約力を鍛えることがねらいだ。

三色ボールペンで色をスイッチさせていくことが、主観と客観の切り替えや、客観的要約の重要と最重要の切り替えなどを、技として身につけることができる。算盤を続けていればやがては算盤が頭の中に入ってくるように、三色の切り替えを行っていると、頭の中で主観客観の切り替えなどがやりやすくなる。道具を使うことによって、思考の習慣が身につけやすくなるのである。

斎藤孝『読書力』

要約を言えることが読んだということ　１７〜１９頁

三色ボールペンで線を引く　１４０〜１４３頁より

一部省略

(2) 個別作業

ステップ1

小見出しから主旨（著者の伝えたいこと）を想像します

小見出しが主旨です。主旨は、「要約を言えるということが読んだということ」「三色ボールペンで線を引く」です。

ステップ2

主旨が述べられている文章をみつけます

各小見出しで分けられた部分は、主旨が述べられている部分と、それを説明している部分に分けられます。主旨が述べられている文章を読み取り、実線を引きます。説明している部分も、具体例として必要な場合があります。大切だと判断する箇所には波線を引いておきます。要約文を完成させる際に、波線部分で字数を調整します。

ステップ3

主旨を述べた文章を組み立て、要約の表現文型を用いて、要約を書きます

主旨を述べた文章を単につなぐのではなく、組み立てなおして、論理的にわかりやすくして、要約を書きます。要約の構成は、1．主題、2．主題の説明、3．結論の部分、です。

要約の表現文型を用いる理由は、読者に要約であることを伝えるためです。各段落で、1回か2回、要約の表現文型を用いれば、要約文であることが読者に伝わります。

◎要約の表現文型

1. 序論：主題について
   筆者は〜と述べている
2. 本論
   （筆者は）〜という
3. 結論
   筆者は〜と主張するのである

要約を言えるということが読んだということ

よく「あの本読んだことある」という言い方がされる。本の理解度はさして問われてはいない。自分なりに読んだという基準で普通は使われている。全部を初めの頁から終わりの頁まで読み終えるケースもあるだろうし、途中で行き倒れるケースもある。

私の基準としては、本を読んだというのは、まず「要約が言える」ということだ。

全体の半分しか読んでいなくとも、その本の主旨をつかまえることは十分にできる。数頁関心を持てないところを飛ばすこともある。およそ半分以上に目を通し、要約が具体例を含んで言えるのならば、「その本は読んだ」と言えると私は考えている。小説の場合は、要約をすることが最重要課題ではないので別だが、新書系や評論の場合は、半分以上に目を通してあって要約ができれば読んだことにしてもいいと考えている。

こう考えるのには理由がある。一つは、字面をいくら目で追ったとしても、あらすじや要約が言えないようでは、読書をした効果が薄いからだ。要約できることを読んだことの条件にすることによって、いつでも要約できるかどうかを自問するようになる。「で、どういう内容だったの」と人に聞かれて、かいつまんで内容が話せるようであれば、他の人にも役に立つし、自分の読書力を向上させる目安になる。

もう一つの理由は、読んだということの規準をあまり厳しくすると、本をたくさん読みにくくなるからだ。もし全頁を読んだことが条件になるのだとすれば、どうしても数は少なくなる。

半分以上読んで内容を理解していれば、それは十分読んだということになるし、二割程度の分量を読んで八割の内容をつかめば、それは読書上手と言える。二割の分量ではさすがに読んだとまでは言えないかもしれないが、半分以上を読み、内容把握ができていれば十分ではないだろうか。「あの本読んだことがある」と言ってみたい気持ちは誰にでもある。読んだという規準を多少ゆるめに設定することで、本をめぐる会話が活性化する。

実線は中心文を示す。

三色ボールペンで線を引く

私は自分が線を引くときには、三色ボールペンで色分けして引いている。青と赤が客観的な要約で、緑が主観的に「おもしろい」と思ったところだ。青は、「まあ大事」という程度のところに引き、赤は、本の主旨からして「すごく大事」だと考えるところに引く。赤だけ辿れば、本の基本的な要旨は取れるように引く。客観的なという意味は、読解力のある者ならばおよそそこがその本の大事なところだと思うようなところである。それは著者が一番言いたいことと言い換えてもいい。赤をいきなり引こうとすると、緊張してなかなか引きにくいので、青を引きながらおよその要旨やあらすじをつかんでいく。そして、その中から最重要のものを見つけるという順序でやると効率はいい。

緑は、本筋とは関係なくてよいから、自分にとっておもしろいと感じたところに引くようにする。これは、他の人が目を付けないようなところに目を付けたり、自分の感性で独自に反応したりしたところに引くと、緑らしさが出る。

主観と客観を完全に分けることは難しい場合もあるが、主観と客観をとりあえず分ける練習をすることには意味がある。自分ひとりが感じていることと、誰もが感じていることとでは、意味が違う。勝手な読み方をしていては、本の読解力はつかない。

本を要約できる力は、読解の基本だ。要約力がなければ本を読んではいけないということではない。むしろ、読書を通じて要約力を鍛えることがねらいだ。

三色ボールペンで色をスイッチさせていくことが、主観と客観の切り替えや、客観的要約の重要と最重要の切り替えなどを、技として身につけることができる。算盤を続けていればやがては算盤が頭の中に入ってくるように、三色の切り替えを行っていると、頭の中で主観客観の切り替えなどがやりやすくなる。道具を使うことによって、思考の習慣が身につけやすくなるのである。

実線は中心文を示す。波線は具体例を示す。

齋藤孝『読書力』

要約を言えることが読んだということ　17～19頁

三色ボールペンで線を引く　140～143頁より

一部省略

読書力　要約

　筆者は、まず、本を読んだ基準は「要約を言えることだ」と述べている。本を要約できる力が読解の基本だという。そのために、筆者は三色ボールペンで線を引くのが有効だと述べている。

　筆者が要約できる力が読解の基本だと考えるのは、次の二つの理由からである。一つは字面を目で追ったとしても要約が言えなければ読書をした効果が薄いから、もう一つは、読んだ規準を厳しくすると本を読みにくくなるから、である。

　筆者は、客観的な要約部分で、本の主旨からして「すごく大事」な部分を赤で、「まあ大事」な部分を青で、主観的に「おもしろい」と思ったところを緑で線を引いているという。三色の切り替えを行っていると、頭の中で主観客観の切り替えがやりやすくなる。道具を使うことによって、思考の習慣が身につけやすくなると、筆者は主張するのである。

（下線は要約の表現文型を示す）　20 × 20

学習者の要約に情報的フィードバックを与えます

指導者は、書き手の視点を大切に、どこを改善するとさらによい要約になるかについての情報を書き、次回の授業で返却します。よい要約を一つ選び、全員に配布し、全員で音読するとよいでしょう。学習者の学ぶエネルギーになります。

読書力　要旨

序論

筆者は「あの本読んだことある」という基準が(あの本をどのぐらい読んだか)と関係なく、本の要約が言えるを(読書した)と述べている。

本論

筆者がこう考えるのは二つの理由がある。一つは、あらすじや要約ができないのは読書した効果が薄いからだ。もう(二)つは読んだと言う基準をゆるめに設定すると、本をたくさん読めるし、本をめぐる会話が活性化するからだ。

筆者は本を効果約に読む方法で三色ボールペンで線を引きながら読むことを述べている。青は「まあ大事」赤は「すごく大事」緑は「おもしろい」と思ったところだ。この方法は大人に限らず子供にも読解力を鍛えることができると言う。

結論

筆者は「本を読んだ」と基準が本の要約を言えるかどうかとして、三色ペンで線を引きながら読むことが本を把握するもっとも良い方法だと主張するのである。

読解力そして要約文ともにすばらしいです！

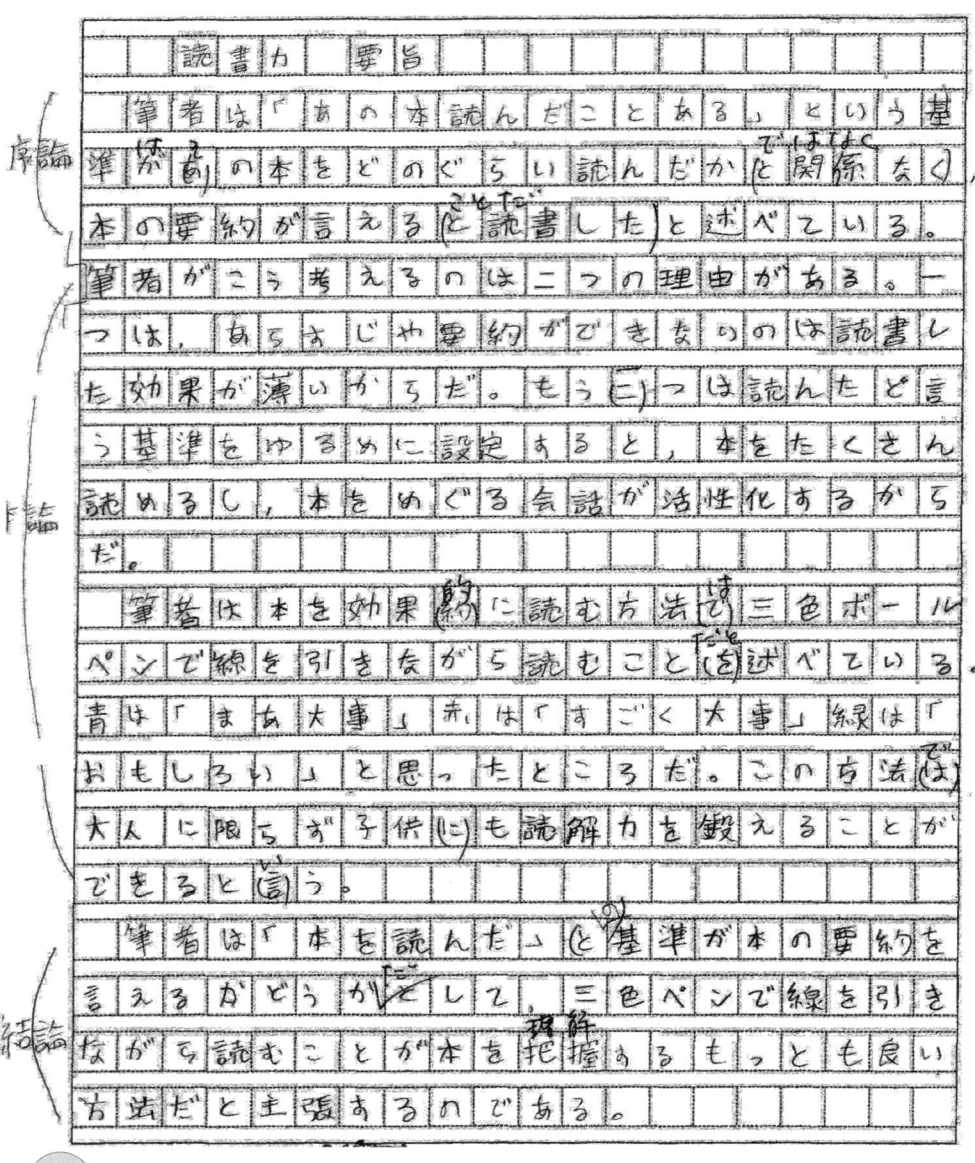

5．要約練習帳

第１回　千野栄一『外国語上達法』（岩波新書）p.38 ～ 45

「外国語上達に必要なもの」

◇ テーマの導入

＊外国語上達に必要なものは何だと思いますか。

＊外国語が上達するために覚えるべきものは何だと思いますか。

＊あなたは語彙を覚えるときどのような工夫をしていますか。

◇語彙・表現の音読

外国語上達法　千野栄一（岩波新書）p.38 ～ 45（一部改変）

語彙・表現

上達に必要なのは――お金と時間

折にふれる	おりにふれる
語学上達の秘訣	ごがくじょうたつのひけつ
月謝を貢ぐ	げっしゃをみつぐ
目的意識	もくてきいしき

少しずつでも繰り返す

いささか違う	いささかちがう
心理学の専門家	しんりがくのせんもんか
記憶	きおく
一言する	いちげんする
がむしゃらに進む	がむしゃらにすすむ
人工衛星	じんこうえいせい
軌道に乗せる	きどうにのせる
時間を割く	じかんをさく
訓練に捧げる	くんれんにささげる
短期間に急激に習得する	たんきかんにきゅうげきにしゅうとくする

覚えるのは――語彙と文法

単語の総和	たんごのそうわ

教科書・教師・辞書

揃う	そろう
慎重に	しんちょうに
チャンスをモノにする	
資質	ししつ
良し悪し	よしあし
引き方の巧拙	ひきかたのこうせつ

外国語上達に必要なもの

上達に必要なのは――お金と時間

こんな神様のような先生なので、折にふれてこの先生から語学上達の秘訣を私が聴きだそうとしたとしても不思議ではないだろう。

「先生、語学が上達するのに必要なものはなんでしょうか」

「それは二つ、お金と時間」

語学の上達には、まずお金をかけなければだめであるということであった。先生ご自身もあるロシア夫人に月謝を貢いでロシア語を習得されたそうである。人間はそもそもケチであるので、お金を払うとそれをむだにすまいという気がおこり、その時間がむだにならないようにと予習・復習をするというのである。

外国人に日本語を教え、そのかわりにその外国語を学ぶというのはよく聞くが、そうやって外国語に上達した人に会ったことがないのは、お金を使っていないからであろう。大学のとき第二外国語その他でいくらでもいい先生に習えるのに上達せず、社会に出て仕事のあとお金を払って習いにいくと上達するのは、前に述べた目的意識のはっきりしていることと共に、お金を払うからにほかならない。

先生のおっしゃるには神様は大変公正であって、お金だけあってもだめで、時間も必要だとの話であった。

少しずつでも繰り返す

外国語の習得には時間が必要である。これは他の学科の習得といささか違う。私は心理学の専門家でないので、その知識はあまり頼りにならないが、外国語の習得には記憶が重要な役割を演じており、記憶には繰り返しが大切で、そのためには時間が必要なのである。そして、その時間の使い方について一言するならば、ある外国語を習得しようと決心し、具体的に習得に向かってスタートしたときは、まず半年ぐらいはがむしゃらに進む必要がある。これは人工衛星を軌道に乗せるまでロケットの推進力が必要なのと同じで、一度軌道に乗りさえすれば、あとは定期的に限られた時間を割けばいい。

このとき、二四時間をある外国語の訓練に捧げようと思ったら、一日に六時間ずつ四日やるより、二時間ずつ一二日した方がいい。恐らくこれは記憶のメカニズムと関連しているのであろうが、私には説明できない。ただ、いずれの語学上達法の本も毎日少しずつでも定期的に繰り返すことをすすめているのは事実である。

神様が公平だと思うもう一つのことは、短期間に急激に習得した語学は短期間に急激に忘れるが、長い時間をかけて習得した語学は忘れるのに長い時間がかるという事実である。

覚えるのは――語彙と文法

お金と時間が必要なことがわかったが、それではそのお金と時間で何を学ぶべきなのかというのが、私の次の質問であった。それに対して、S先生は次のように答えられた。

「覚えなければいけないのは、たった二つ。語彙と文法」

S先生はいとも簡単にこの二つという指摘をなされているが、この語彙（一つの言語にある単語の総和）と文法、という順番がまた大切な意味を持っている。まずは単語を知らなくてはだめである。外国語習得における語彙の持つ意味は、いくら強調しても強調しきれないものがある。

教科書・教師・辞書

外国語を習得するためには語彙と文法を覚えなければならないことが分かったが、この二つを覚えるためには何があればいいのであろうか。この問いに対しても、S先生は明快に次のように答えられている。

「外国語を学ぶためには、次の三つのものが揃っていることが望ましい。その第一はいい教科書であり、第二はいい教師で、第三はいい辞書である。」

いい教科書に当たるかどうかで、外国語の習得の難易度は大きく変わってくる。教科書を選ぶのは慎重にしなければならない。

教師のいい悪いが外国語習得にとってどれだけ大きな意味を持っているかは、「私がこの言語を続けられたのは、あの先生のお陰です」というような発言にしばしば接することでお分かりいただけるであろう。外国語を教えている数多くの教師の中で、本当にいい先生というのはそう数が多くないということは、あらかじめ注意しておかなければならない。逆に、いい先生にめぐり会った人は、絶対にそのチャンスをモノにすべきである。

教える方も人間なら教えられる方も人間である外国語講座でもっとも貴重な資質は、外国語の文法に通じているとか上手に話せるということ以上に、習う人をやめさせない魅力ある授業をすることなのである。

辞書が語学の習得にどれほど大切であるかは明らかである。しかし、新しい語学の初歩の段階では、辞書はそれほど重要な役割を演じない。辞書が重要な意味を持ってくるのは中級以後で、上級に行ってからは辞書の良し悪しと、その引き方の巧拙が大きな意味を持ってくる。

上達への道

外国語の習得に優れた才能と豊かな経験を持っておられるS先生の教えにより、この『外国語上達法』は具体的な方向が示されることになった。もう一度それを整理してみると、言語の習得にぜひ必要なものはお金と時間であり、覚えなければ外国語が習得できない二つの項目は語彙と文法で、習得のための三つの大切な道具はよい教科書と、よい先生と、よい辞書ということになる。

千野栄一『外国語上達法』38～44ページより　一部改変

外国語上達法　要約

　筆者は、この部分で、外国語上達に必要なものについて述べている。

　筆者は外国語上達の秘訣を、筆者が尊敬する神様のような先生から聞いたという。まず、上達に必要なのは、お金と時間。人間はそもそもケチなので、お金を払うとそれをむだにしないという気がおこり、予習復習をする。次に覚えなければならないのは、語彙と文法。まずは単語を知ることが必要だという。最後に、外国語を学ぶために必要なものは三つで、いい教科書、いい教師、いい辞書である。

　筆者は、教師にもっとも貴重な資質は、習う人をやめさせない魅力ある授業をすることだと述べている。また、辞書は上級になってから重要な意味をもってくるという。

　筆者は、言語の習得に必要なものはお金と時間、覚えなければならない項目は語彙と文法、大切な道具はよい教科書とよい先生とよい辞書であると主張するのである。

（下線は要約の表現文型を示す）　20 × 20

第２回　青木保『異文化理解』（岩波新書）p.143 ～ 146

「コミュニケーションの三段階」（2600 字）

◇ テーマの導入

＊ 文化とは何だと思いますか。

＊ あなたの国と日本の文化とは何がちがいますか。

＊ 例えばイスラムの文化のラマダンの習慣、ユダヤ教の十戒にある「安息日には働くな」などを理解することができますか。

◇ 語彙・表現の音読

異文化理解　　青木保（岩波新書）p.143 ～ 146（一部省略）

語彙・表現

コミュニケーションの三段階	
社会人類学者	しゃかいじんるいがくしゃ
「自然」のレベル	**しぜんのレベル**
本能的	ほんのうてき
衣服	いふく
共通の属性	きょうつうのぞくせい
「信号的なレベル」	しんごうてきなレベル
条件反射的	じょうけんはんしゃてき
「社会的」レベル	**しゃかいてきレベル**
習慣	しゅうかん
取り決め	とりきめ
文化を異にする	ぶんかをことにする
交通信号	こうつうしんごう
表示の仕方	ひょうじのしかた
右ハンドル	みぎハンドル
左ハンドル	ひだりハンドル
培う	つちかう
「記号的なレベル」	きごうてきなレベル
「象徴」レベル	**しょうちょうレベル**
社会特有の価値	しゃかいとくゆうのかち
行動様式	こうどうようしき
信仰	しんこう
十字架	じゅうじか
日の丸	ひのまる
物理的な関係	ぶつりてきなかんけい
論理的	ろんりてき
メタファー	
星条旗	せいじょうき
理屈	りくつ
三色旗	さんしょくき
固有の価値	こゆうのかち
周到に	しゅうとうに
参照する	さんしょうする
文化の全体性	ぶんかのぜんたいせい
要素が組み込まれる	ようそがくみこまれる

コミュニケーションの三段階

文化におけるコミュニケーションについては、イギリスの社会人類学者エドマンド・リーチにならって私は大体三つのレベルがあると考えています。

自然のレベル

ひとつは自然のレベルです。人間は物が飛んでくれば本能的によけるし、寒くなれば衣服を着る、おなかがすけばご飯を食べる。そういうごく自然とよべる状態は、どんな文化を通しても変わらないだろうということです。私たちが世界のどこへ行ってもなんとなく生活できるのは、絶対的な人間の条件はどこへ行っても似ているからです。

どんな異なった文化を持った人々の間でも、ある程度共生ができて、ある程度意思が通じるというのは、人間としての共通の属性を持っているからだということがいえます。

ごく自然的なこととして互いに人間ならばわかりあえるような、誰でもだいたい理解できる形でのこうしたコミュニケーションの段階を「信号的なレベル」とリーチは言っています。相手がカーッと怒ったから逃げるとか、普通人間が「自然」に起すような条件反射的なレベルで理解できるコミュニケーションがある。それが異文化理解の最初の段階だと思います。

社会的レベル

そして異文化理解の二つ目の段階は「社会的」レベルです。社会的な習慣とか取り決めを知らないと文化を異にする相手も異社会も理解できないということです。

交通信号の表示の仕方を知らなかったら事故を起してしまうし、車を運転するアメリカ帰りの日本人がよくやってしまうのですが、いつのまにか車道を反対に走ってしまいます。右ハンドル、左ハンドルの違いという訳ですが、アメリカやヨーロッパ大陸は左ハンドル、日本やイギリスなどは右ハンドルです。

けれどもこうしたことは、例外はあるとしても人間が育ってきて得られる常識のレベルで消化できる理解だと思うのです。どの社会に行っても、一つの社会で培った常識的なことが取得できれば、インドに行こうがアメリカに行こうがある程度は間違いなくやっていける。わからないことでもそこの人に教えてもらってそこの習慣あるいは、社会的な規則を学習すればできるわけです。これをリーチは「記号的なレベル」というわけです。

象徴レベル

このように、「自然的な」ことや「社会的な」レベルのことは、普通に育った人間ならだいたい対処できることですが、三つ目のレベル、これは「象徴」というレベルですが、これがまさに文化的な中心部のことで、外部の者にとってはきわめて理解するのが困難な世界なのです。

すなわち、その社会なら社会特有の価値なり、行動様式なり、習慣なり、あるいは信仰があります。信仰となると、たとえばキリスト教を信じている人には十字架は意味を持ちますが、信じていない人間にとっては何の意味も持ちません。社会のレベルまでは交通信号のようなものですから、その社会で生活する誰にとっても意味を持つことが多いわけですが、象徴のレベルになると、その価値とか意味を共有している人間しかわからないということになります。日本の文化でも、外国人にとってわかりにくいのはだいたいこの部分です。

日の丸が日本の象徴といわれても、どうして象徴なのか、あまり、はっきりしません。それを国旗として象徴としたのは日本人の選択だったと思いますが、普通は外から見れば日の丸と日本という国家の間に何の物理的な関係も論理的な結びつきもないから、それだけでは外部の人には理解できないことでしょう。単なる象徴であり、メタファーです。アメリカ合衆国の国旗が星条旗というのはある程度理屈で説明がつきますし、フランスの三色旗にもはっきりとした意味があります。しかし、国旗とそれで表徴する物質的で地理的な土地をもつ国というものとの関係は、その国の歴史や文化と結びついていて、ただ外から見ただけでは何のことかはよく解りません。その国の固有の価値や理想と結びついているからです。

そのようなことがあらゆる社会で特有の現象としてあって、それについてはよほど周到にその文化を理解しないと、別の文化から来た人間にとっては理解できないのです。先に触れたイギリスの社会人類学者は、いま述べたような文化とコミュニケーションの仕組を細かく分析しています。より詳しい分析はリーチの書物を参照していただくことにして、いまこのように両手に触れただけでも異文化を理解していくにはさまざまなレベルがあることがわかると思います。しかも、忘れてならないことは、「信号」「記号」「象徴」の三レベルは総体として異文化を形作るということです。この文化の全体性の中にさまざまな要素が組み込まれて、人々の言葉と行動に意味づけをしているわけです。

青木保『異文化理解』

一四三〜一四六ページ　一部省略

コミュニケーションの三段階　要約

　筆者は、文化におけるコミュニケーションには、「自然」のレベル、「社会的」レベル、「象徴」レベルの三段階があると述べている。

　まず「自然」のレベルは、おなかがすけば食べるという絶対的な人間の条件レベルで、ごく自然的なこととして人間ならわかりあえるコミュニケーションの段階であり、「信号的なレベル」である。第二の「社会的レベル」の段階は、社会的習慣、取り決めを知ることで理解できる段階である。人間が育ってきて得られる常識のレベルの段階である。第三の「象徴」レベルの段階は、その文化の固有の価値や理想と結びついている行動様式、習慣信仰の段階であり、異文化の者にとってきわめて理解するのが困難な世界である。

　筆者は、「自然的な」ことや「社会的な」レベルのことは、普通に育った人間なら大体対処できるが、「象徴」のレベルは、周到に理解しなければならないと主張するのである。

（下線は要約の表現文型を示す）　20 × 20

第３回　森秀樹『国際協力と平和を考える 50 話』（岩波ジュニア新書）

「文明の衝突」

◇テーマの導入

＊９・11 を知っていますか。

＊９・11 以後、アメリカのとった行動についてどう思いますか。

＊「文明の衝突」と聞いて、何を考えますか。

◇ 語彙・表現の音読

767 型旅客機	767 がたりょかくき
突入	とつにゅう
崩壊	ほうかい
第一報が入る	だいいっぽうがはいる
まどろむ	
久米キャスター	くめキャスター
淡々と	たんたんと
寝るに寝られぬ夜	ねるにねられぬよる
国防総省ビル	こくぼうそうしょうビル
「自爆」攻撃	「じばく」こうげき
同時多発テロ	どうじたはつテロ
真相が明らか	しんそうがあきらか
イスラム原理主義過激派	イスラムげんりしゅぎかげきは
断定する	だんていする
首謀者	しゅぼうしゃ
勢力	せいりょく
制圧する	せいあつする
タリバーン政権	タリバーンせいけん
明けて	あけて
一般教書演説	いっぱんきょうしょえんぜつ
テロ支援国家	テロしえんこっか
警告を発する	けいこくをはっする
大量破壊兵器	たいりょうはかいへいき
脅かす	おびやかす
阻止する	そしする
悪の枢軸	あくのすうじく
イラク武力攻撃の挙	イラクぶりょくきょうげきのきょ
戦闘終結宣言	せんとうしゅうけつせんげん

雨あられ	あめあられ
理不尽で無法な殺戮	りふじんでむほうなさつりく
国連憲章	こくれんけんしょう
武力行使	ぶりょくこうし
極力制限	きょくりょくせいげん
先制自衛	せんせいじえい
文明の衝突	ぶんめいのしょうとつ
単行本	たんこうぼん
西洋（欧米）	せいよう（おうべい）
中華（儒教）	ちゅうか（じゅきょう）
東方正教会	とうほうせいきょうかい
融合や接近	ゆうごうやせっきん
体裁をとる	ていさいをとる
政策提言	せいさくていげん
においが強い	においがつよい
十字軍	じゅうじぐん
いにしえ	
バカの壁	バカのかべ
文明の対話	ぶんめいのたいわ
決議を採択	けつぎをさいたく
本腰をいれる	ほんごしをいれる
問答無用	もんどうむよう
引き金が引かれる	ひきがねがひかれる
グラウンド・ゼロ	
核兵器の爆心地	かくへいきのばくしんち
軍事用語	ぐんじようご
震源地	しんげんち
泉源	せんげん
怨嗟	えんさ

文明の衝突？　九・一一事件の衝撃

二〇〇一年九月一一日午前八時四五分（現地時間）アメリカン航空ボーイング767型旅客機が、ニューヨークの世界貿易センタービル北館に突入した。一五分後にはユナイテッド航空の同型機が南館に突入し、やがてビルは両館とも崩壊。夏時間なので時差プラス一三時間の日本には、同日夜おそく第一報が入った。たまたま出張で東京にいた私は、朝からひどい台風にみまわれ、ようやく用務をすませてホテルに帰り、ニュース・ステーションを見ながらベッドでまどろんでいたが、やがてあの衝撃のシーンに出会う。久米キャスターが夏休みで、女性キャスターが、最初は淡々と事件を報じていた。やがて臨時ニュース・モードになっていく。その後は寝るに寝られぬ夜となった。

南館突入の四〇分後には、もう一機がワシントンの国防総省ビルに突入し、さらにピッツバーグ近郊ではもう一機が墜落した。以上の四件は、計一九名からなる犯人グループがハイジャックし、みずから操縦して行った「自爆」攻撃という。犠牲者は、四機の乗員・乗客二六一人、世界貿易センタービルで二八〇一人、国防総省で一八四人にのぼった。

この事件を日本の報道は、発生直後から「同時多発テロ」と呼び、その名が定着してきている。ただ、おそわれた米国をはじめ外国の報道はもっぱら「九・一一事件（Event of September Eleven）または「九・一一攻撃（September Eleven Attacks）と呼ぶ。「テロ」という用語のあいまいさもあるが、この犯行の真相が明らかでないかぎり、客観情報としては「九月一一日に起こった事件または攻撃」と呼ぶしかないだろう。

事件直後から、米国政府はイスラム原理主義過激派によるテロと断定し、一三日には首謀者としてオサマ・ビン・ラディンの名前をあげる。ブッシュ政権は、この人物とその勢力アルカイダをかくまっているとして、一〇月七日にアフガニスタンへの武力攻撃を開始、一一月一三日、首都カブールを制圧してタリバーン政権を崩壊させた。

明けて二〇〇二年一月の一般教書演説で、ブッシュ大統領は「対テロ戦争は始まったばかりだ。わが国は戦時下にある。テロリストの訓練基地は少なくとも十数カ国になる」として「テロ支援国家」に警告を発し、「米国や同盟国を大量破壊兵器で脅かすのを阻止する」ことも「反テロ戦争」の目的に加える。イラク・イラン・北朝鮮はそのような脅威を与える「悪の枢軸」と非難された。そして二〇〇三年三月二〇日、米英軍は、国連の同意さえ得られないまま一方的にイラク武力攻撃の挙に出る。圧倒的な軍事力で五月一日には「戦闘終結宣言」。だが戦闘は絶えず、「テロ支援」や「大量破壊兵器」の証拠は結局発見されていない。

この間米英軍は「大量破壊兵器」を雨あられと落とし、膨大な人々を殺し続け、家財を破壊した。これでは米英側こそが理不尽で無法な殺戮を行う「テロ国家」だ、と非難されて当然であろう。国連憲章では、「武力行使」を極力制限していて、現に武力攻撃を受けた場合に必要最小限の防御のために行使することしか認めていない（第五一条）。ましてや、やられる前にやるなどと「先制自衛」することは、国連決議で厳禁されているのである。

　正当性も合法性もないこのような武力攻撃を、「文明の衝突」のなせる結果として説明する向きがある。米国の政治学者S・ハンチントンがこの表題の論文を一九九三年に発表し、九六年に単行本にして一気にひろまった。世界の主要な文明を西洋（欧米）、中華（儒教）、日本、イスラム、ヒンドゥー、ラテンアメリカ、アフリカ、東方正教会（ロシア）の八つに分類し、これらの文明間では融合や接近が困難とみたてて、イスラムと西洋の衝突を予告した。学問的研究のような体裁はとっているが、東西対決の構造がなくなったにもかかわらず激発する地域紛争にどう対処するか困っていた米国政府に、新しい敵を発見する「理論」を提唱した、一種の政策提言のにおいが強い。

　十字軍時代の「衝突」になぞらえるとわかった気分になるが、「文明」がちがえば殺し合う時代はいにしえのこと。知恵を働かせる人類社会では、異なった文明間でも平和的に共存している場合の方が圧倒的に多い。なにより、文明の相違がなぜ衝突になってしまうのか、こそが解くべき問題であるのに、そこには触れていない。

　話してもわかりあえない者がいることを日本では「バカの壁」というそうだが、せっかくベルリンの壁がなくなったのに、また壁をつくって、対話は不能だ、力が解決する、と考えるのでは、「文明」の名が泣くだろう。人間だけが知恵をはたらかせて文明を築いてきた。そこには人間社会だけがつくれる文化が、多様にある。

　一九九八年九月の国連総会で、イランのハタミ大統領は「文明の衝突」を防ぐために「文明の対話」を呼びかけた。これがきっかけとなって、国連では二〇〇一年を「文明の対話の年」とする決議を採択している。文明間の対話にようやく本腰がいれられたとき、問答無用の引き金が引かれた。

　崩壊した世界貿易センタービルの跡地を、米国は「グラウンド・ゼロ」と呼んでいる。核兵器の爆心地をさす軍事用語だが、震源地とか泉源といった意味もある。怨嗟の、ではなく、悲しみを押し殺しつくして対話をうながす、そんな泉源とはなれないだろうか。

森秀樹『国際協力と平和を考える50話』一一～五ページ

文明の衝突　要約

2001年9月11日午前8時45分ニューヨークで「同時多発テロ」が発生した。事件直後から米国政府はイスラム原理主義過激派によるテロと断定し、アフガニスタンへの武力攻撃を開始、タリバーン政権を崩壊させた。

2003年米英軍は国連の同意が得られないまま一方的にイラク攻撃を開始し、「大量破壊兵器」を落とし、膨大な人々を殺し続けた。

筆者はこの事実に対し、米英側こそ理不尽で無法な殺戮を行う「テロ国家」と非難されて当然だろうと主張する。正当性も合理性もない米英側の武力攻撃を、「文明の衝突」のなせる結果として説明するのは、時代錯誤であると筆者は述べている。

1998年国連総会でイランのハタミ大統領は「文明の衝突」を防ぐために「文明の対話」を呼びかけ、2001年が「文明の対話」の年となった。筆者は崩壊した跡地グラウンドゼロが、対話の泉源となれないかと主張する。

（下線は要約の表現文型を示す）　20×20

第３章
意見文の要約と意見：哲学の世界を身近に

1．感想・意見を書くために

「実は、私は、自分の意見を述べるのは下手だから、作文を書くのはあまり好きではありません。」

「“よい意見文”を読みましょう。他者の意見を傾聴しましょう。そうすれば、感情が沸き起こってきますよ。それがあなたの感想・意見です。」

「“よい意見文”とは何ですか」

「“よい意見文”とは、読者の感情を動かし、読者に意見を生じさせるものです。

たとえば、罪を犯した人に対して、憎む気持ちをもちながらも赦《ゆる》すことが必要ではないかという考えを述べている意見文を読んだ読者に、赦すことが真理かもしれないけれど、自分はそうは出来ないだろうという“感情”が沸いてくるとします。これは著者の“意見文”が、読者の感情を動かし、“意見”をもたらしたからです。」

2．“意見文”とは何ですか

「“よい意見文”の要点を理解する（要約する）ことによって、感想あるいは意見が沸き起こってきます。その感想・意見を、意見文の表現文型を用いて書いた文章が意見文です。」

3．意見文練習に適した“よい意見文”

「どのような意見文が意見文練習に適していますか。」

「次の３つの条件を満たしたものです」

1）人間の生き方を問う哲学的な課題
2）具体的な事件・出来事の見方について、著者の考え方が書かれているもの
3）学習者が内容とかかわりをもてるもの

例えば
＊森岡正博（2009）『33個めの石　傷ついた現代のための哲学』春秋社

4．意見文を書く手順

90分授業の構成
（1）15分：テーマの導入　音読
（2）60分：個別作業　黙読→要約（200字）の完成→意見文（200字）の完成→回収
（3）15分：他者の意見の傾聴

森岡正博『33個めの石』の「33個めの石」を例に、意見文を書く手順を説明します。

(1) 15分：テーマの導入　音読

◇テーマの導入

＊2007年4月16日のバージニア工科大学事件を知っていますか。
＊暴力的な映画は人々にどのような影響を与えると思いますか。
＊あなたは、大切な人を殺した人を赦すことができますか。

指導者へのメッセージ

◇大切なことは多文化を受け入れること

人間の生き方についての哲学的課題については、個人差とともに文化差があります。例えば、死刑に対する考え方はアジアと欧米では違いますし、アジアのなかでも国によって違います。ですから、問題に対する是非を問う態度ではなく、また違いを大きくクローズアップする態度ではなく、どうしてその国（地域）ではそういう考え方をするようになったのだろう、という文化差に対する視点が必要です。このような視点をもつことにより、それぞれの文化を受け入れることが出来るようになっていきます。

33個めの石

２００７年４月16日に、米国のバージニア工科大学で、学生による銃乱射事件が起き、32人の学生・教員が殺された。乱射《らんしゃ》した学生は自殺した。この犯人は、乱射の動機をしゃべったビデオと、みずからの写真を、ＮＢＣテレビに送付しており、その映像が全世界に流された。

米国では銃規制のゆるやかな州が多く、この事件の起きたバージニア州では、犯罪歴がなければ自由に銃を購入することができる。犯人もまた、正当な方法で銃を購入し、犯行に及んだ。もし米国でもっと厳格な銃規制がなされていたならば、今回のような大量殺害事件はおきていなかったはずだ。銃社会《じゅうしゃかい》アメリカの暗部《あんぶ》があからさまになった事件だったといえる。

ところで、ニュースを見ていて驚いたのは、「もしほかの学生たちも銃を持っていたならば、これほど大量に学生が犠牲《ぎせい》にならなくてすんだだろう」という声が、一般のアメリカ人たちから聞かれたことである。日本人からすれば信じられない言葉であるが、しかしこれがアメリカの現実である。この事件をきっかけに銃規制が進むという兆しもない。

米国における自由とはいったい何なのだろうか。その核心部分にあるのは「正当防衛ならば、人殺しの興奮と快楽を味わってもよい」という自由なのではないだろうか。銃が氾濫《はんらん》し、誰でも射撃場で銃を撃つことが出来る社会に唯一足りないものは、銃を使って正当に撃ち殺してもよい生身《なまみ》の人間である。そういう人間が目の前に現れるのを、舌なめずりをしながらいまかいまかと待ちかまえる自由、それこそがアメリカ的な自由の本質なのではないか。

バージニア工科大学乱射事件の犯人がＮＢＣテレビに送りつけた写真のなかには、両手で銃を持って仁王立《におうだ》ちする姿や、金槌《かなづち》で振り上げた姿などが含まれていた。

ニュヨークタイムズは、この金槌を振り上げた写真の構図が、韓国映画『オールド・ボーイ』にそっくりであるから、犯人はこの暴力映画から影響を受けたのではないかと指摘した。この記事は全米の多くの新聞に引用された。

しかし、私がそれらの写真を見たときに、最初に頭に浮かんだのは、むしろアメリカ映画『タクシードライバー』である。社会の悪を洗い流さなければならないと独《ひと》り合点《がてん》して、銃を乱射して破滅へと向かう主人公トラヴィスこそが、今回の犯人のモデルなのではないかと思った。実際、『タクシードライバー』には、主人公が両手で銃を持って立ち尽《つ》くすシーンがある。

実は、暴力的な映画を世界でもっとも量産《りょうさん》しているのはアメリカなのである。ハリウッド映画で、いったいどのくらいの暴力的な殺人や、猟奇的《りょうきてき》な犯行が、リアルに描かれてきたのか。西部劇から始まって、現代の犯罪ものやホラー映画に至るまで、ハリウッド映画は、銃や凶器《きょうき》による人殺《ひとごろ》しのオンパレードだ。

では、なぜそのようなシーンが描かれ続けるのか。市場原理の国アメリカで、人殺しが描かれ続けるということは、ひとえにアメリカ人の多くが、殺戮《さつりく》と流血《りゅうけつ》をひそかに欲しているからだということになるだろう。

そして乱射事件の犯人は、ほかならぬこれらアメリカ人の暗い願望と欲望を全身で引き受け、彼らの代わりに実社会で実行して死んでいったのである。

バージニア工科大学乱射事件のあと、マスメディアはいっせいに犯人の写真とビデオを繰り返し報道した。多くのコメントや解説がメディアにあふれた。しかし、亡くなった被害者の家族から違和感《いわかん》が表明され、米国内では、犯人のビデオなどの報道を自粛《じしゅく》する動きがはじまった。

おそらく一般の人々やマスメディア関係者たちは、9・11のときのことを思い出したであろう。繰り返し放映されるWTCビル倒壊《とうかい》の映像が、被害者家族たちに追《お》い討《う》ちを与えることに気づいて、テレビ局はその映像を自粛《じしゅく》したのであった。

バージニア工科大学事件の次の週に、被害者の追悼《ついとう》集会がキャンパス内で行われた。キャンパスには、死亡した学生の数と同じ33個の石が置かれ、花が添《そ》えられた。実は、犯人によって殺されたのは32人である。「33個めの石」は、事件直後に自殺した犯人のために置かれたのである。

AP通信は、追悼集会に参加した学生の言葉を紹介している。「犯人の家族も、他の家族たちとまったく同じくらい深く苦しんでいるのです」。米国のテレビでは、犯人の姉が、みずからの苦しい胸の内を語っていたが、それを受けての学生の言葉だろう。殺害した犯人も、その家族も、この狂乱《きょうらん》した現代社会の被害者であるという考え方に、私は大きな救いを感じる。

このような追悼のあり方は、米国の、大学という特殊な空間でのみ、あり得たのだろう。日本で同じような事件が起きたときに、われわれは「33個めの石」を、はたして置くことができるであろうか。この小さな希望の石を、われわれの社会は許容《きょよう》するだろうか。

森岡正博『33個めの石』

33個めの石　二二～二七ページ

◇本文の音読　音読はリズミカルに

身近な哲学的問題を扱った意見文では、語彙・表現の事前指導をする必要はないでしょう。その話題についてのブレインストーミングの後、音読に入ります。音読力は学生の個人差もあるでしょうが、句点読み（句点が来たら次の人に変わる）は、緊張感を保ち音読をリズミカルにする良い方法です。1 文であれば、音読の苦手な学習者も緊張感を保って読める長さです。

(2) 60 分：個別作業　黙読→要約（200 字）の完成→意見文（200 字）の完成→回収

◇要約（200 字）を書きます

						33	個	め	の	石		要	約						
	07	年	4	月	16	日	に	米	国	の	バ	ー	ジ	ニ	ア	工	科	大	学
で	、	学	生	に	よ	る	銃	乱	射	事	件	が	起	き	、	自	殺	し	た
犯	人	を	含	め	て	33	人	が	死	亡	し	た	。	犯	人	は	、	銃	規
制	の	な	い	州	で	正	当	な	方	法	で	銃	を	購	入	し	、	犯	行
に	及	ん	だ	。	ま	た	犯	人	が	テ	レ	ビ	局	に	送	付	し	た	ビ
デ	オ	と	自	分	の	写	真	に	よ	っ	て	、	犯	人	は	暴	力	映	画
か	ら	影	響	を	受	け	た	こ	と	が	指	摘	さ	れ	た	。	追	悼	集
会	が	行	わ	れ	た	キ	ャ	ン	パ	ス	に	は	、	死	亡	し	た	学	生
の	数	と	同	じ	33	個	の	石	が	置	か	れ	た	が	、	「	33	個	め
の	石	」	は	自	殺	し	た	犯	人	の	た	め	に	置	か	れ	た	の	で
あ	る	。															(20 × 10)		

◇意見文（200 字）を書きます

要約を書きながら、「そうだな」と感じた点、「あれっ！」と感じた点について、感想・意見の表現文型を用いて、200 字で意見文を書く。

			33	個	め	の	石		意	見	（	台	湾	の	学	生	）		
	筆	者	は	「	ア	メ	リ	カ	で	暴	力	的	な	映	画	の	シ	ー	ン
が	描	か	れ	続	け	る	と	い	う	こ	と	は	、	ひ	と	え	に	ア	メ
リ	カ	人	の	多	く	が	殺	戮	と	流	血	を	ひ	そ	か	に	欲	し	て
い	る	か	ら	」	と	述	べ	て	い	る	が	、	私	は	そ	う	は	思	わ

ない。どの国でも毎日暴力事件が起きている
のに、それをアメリカ人に限るのは、適当で
はないと思う。それはこの世界に生きている
我々が考えるべき問題ではないだろうか。

（20 × 10）

◎感想・意見の表現文型

◇感想の表現

1. 印象に残った点について述べる。
   1）（～を読んで）もっとも印象に残ったのは、～（という点である）
   2）（～を読んで）興味深かったのは～（という点である）
   3）（～を読んで）まず考えたことは～

◇意見の表現

1. 筆者の意見に賛成し、思いついた考えを述べる。
   1）筆者は～と述べている。私もそのとおりだと思う。
   2）筆者が～と述べている点に、私も賛成である。
   3）筆者は～と述べている。確かにそうだが～。
2. 筆者の意見に疑問に思った点について述べる。
   1）筆者は～と述べているが、（果たして）そうであろうか。
   2）筆者は～と述べているが、私はそうは思わない。

3. 意見を述べる。
   1）～と（強く）思う。
   2）～とも言えるだろう。
   3）～だろうか。～のだろうか。

(3）15 分：他者の意見の傾聴

指導者は時間になったら、学習者の要約文・意見（感想）文を集めます。そして、学習者の意見（感想）文を、クラス全員に伝わるように、音読します。このことによって、それぞれの意見が大切であることを伝え、他者の意見を大切に傾聴する姿勢を育んでゆきます。

5．意見文練習帳

第１回　**赦すということ**（学生の要約と意見は p.59 に、原文 p.58 に示す）

◇テーマの導入

＊あなたの国には死刑制度がありますか。

＊あなたは死刑制度についてどう考えますか。

＊「死刑制度が憎しみの連鎖を生む」という考えについてどう思いますか。

赦《ゆる》すということ

◇要約練習文

死刑制度を廃止《はいし》すべきかどうかは、まさに現代の難問中の難問であると言えるだろう。EU（欧州連合）は、加盟国の条件として、死刑制度の廃止を要求している。これに対して、日本、中国などは死刑制度を存続させていて、廃止の気運も高まってはいない。

私自身は、死刑制度に反対である。いくら極悪非道《ごくあくひどう》の犯罪者であったとしても、その人間の命を強制的に断絶させることは、許されるべきではないと考えている。日本には終身刑《しゅうしんけい》の制度がないので、終身刑の新設と引き換えに、死刑を廃止するのがいちばんよいと思うのだ。

と同時に、自分の家族や愛する人を無残に殺されたとき、その犯人を自分の手で殺してやりたいという気持ちもまた、私は充分に理解できる。たとえそれが違法であったとしても、この手で犯罪者の命を奪《うば》い、復讐《ふくしゅう》してやりたいという思いは、ありありと分かる。だから、もし、自分の手で殺せないのだったら、国家の名のもとに殺してほしい、という被害者家族の気持ちもよく分かるのである。

私は、死刑を肯定する感情を自分の中に持ち合わせている。そのうえで、理性の力でもって死刑を廃止すべきだと考えているわけなのだ。日本では死刑反対論者は少数派のようだが、みなさんはどうお考えだろうか。ひょっとしてみなさんは、死刑反対論者とは人間の感情をまったく理解しない頭でっかちの冷血《れいけつ》人間なのだ、と思ってはいないだろうか。

どんな犯罪者であろうと、この世にうけた命だけはまっとうしほしいと私は願っている。死刑反対論の背後には、このような人間じみた感情や願いも存在しているのである。

◇参考文

２００６年10月２日、米国のペンシルベニア州で、銃を持った男が小学校に侵入し、女子児童10人を殺傷して、みずからも自殺するという事件が起きた。この小学校は、アーミッシュというキリスト教再洗礼派《せんれいは》の人々が住む地域にあり、被害者の児童たちも、アーミッシュの家庭の子どもたちであった。

アーミッシュは、電気やテレビなどの現代文明の成果を拒否し、自給自足のつましい生活を貫いていることで有名である。争いごとを好まず、徹底した平和主義が実現されている。

この事件は、日本でも大きく報道された。だが、その後日談《ごじつだん》は、日本ではほとんど伝えられなかった。彼らは、なんと、子どもたちを無残に殺害した犯罪者とその家族とを「赦す」と宣言したのである。犯罪者に復讐したり、恨《うら》んだりするのではなく、その罪を赦すと言ったのである。彼らの態度は、米国の人々に静かな感動を呼び起こした。

しかし、子どもを殺された親たちが、その犯罪者を赦すなどということが、ほんとうに可能なのだろうか。彼らの信仰《しんこう》が、それを可能にしたのだろうか。米国の人々が彼らの態度に感動したのには、理由がある。

９・11以降、米国はアフガニスタンで復讐の戦争を行い、イラクにまで攻め込んで殺戮《さつりく》を強行した。いくら正当化の美辞《びじ》を並べたとしても、心の底では米国の行為が無残《むざん》な殺戮に他ならないことを国民はよく分かっているのである。

米国民は、９・11を引き起こした者たちを赦すことができなかった。アーミッシュは、９・11のときに米国民が本来取るべきであった態度を、今回の事件で再現してみせた。それは米国民の無意識の「負《お》い目《め》」を刺《さ》し、彼らに小さな希望の道を指し示したのである。

森岡正博『３３個めの石』

赦すということ　　六～九ページ

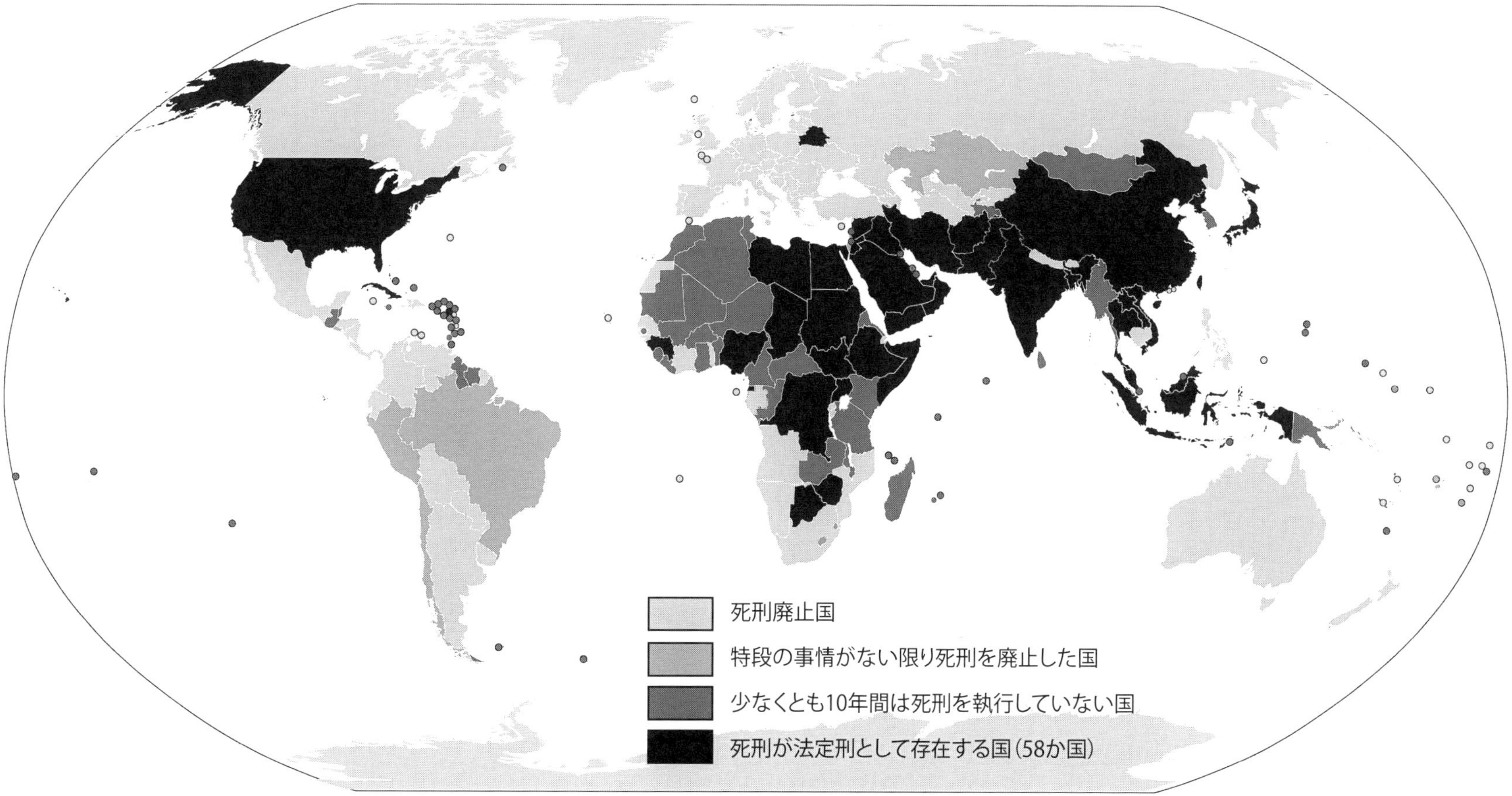

参考資料　**死刑制度の世界地図**

絞首刑（日本、韓国、エジプト、イラン、ヨルダン、イラク、パキスタン、シンガポールなど）電気処刑・ガス殺（米国）致死薬注射（中国、グアテマラ、タイ、米国）銃殺刑（ベラルーシ、中国、北朝鮮、ソマリア、ウズベキスタン、ベトナムほか）斬首刑（サウジアラビア、イラク）石打ち刑（アフガニスタン、イラン、サウジアラビア）公開処刑（イラン、北朝鮮、サウジアラビア）

『赦すということ』要約

死刑制度を廃止すべきかは現代の難問であると言えるだろう。EUなどの国では死刑を廃止したが、日本、中国などは死刑制度を存続させていて、廃止の機運も高まってはいない。筆者は被害者家族の気持ちはよくわかるが、理性の力でもって死刑を廃止すべきだと考えている。最後に筆者は犯罪者にもうけた命をまっとうしてほしいという願いを言った。

述べている。

良い要約です。

感想

死刑制度を廃止するという話題(が)なん年前からよく耳にする。確に人間の命を強制的に断絶させることはすごく悲しくて残酷だが、死刑制度を廃止しない方がいいと思う。極悪非道の犯罪者は被害者に心から謝る気持ちがなかったら、死刑は被害者と被害者の家族に対して、悲しみと怒りをしずめる(存在)だと思う。一方で、死刑に代って、終身刑も必(需)で、犯罪者(は)はくざいのチャンス(をあげろう)と考える。

ハンフォンさんの意見がよくわかります
良い意見文です。

嚇すということ　要約と意見（中国の学生）

　死刑制度を廃止すべきかは現代の難問であるといえるだろう。EUなどの国では死刑を廃止したが、日本、中国などは死刑制度を存続させていて、廃止の気運も高まってはいない。筆者は被害者家族の気持ちはよく分かるが、理性の力でもって死刑を廃止すべきだと考えている。最後に筆者は犯罪者にも、うけた命をまっとうしてほしいという願いを述べている。

　死刑制度を廃止するという話題を何年前からよく耳にする。誰かに人間の命を強制的に断絶されることはすごく恐ろしくて残酷だが、私は、死刑制度を廃止しないほうがよいと思う。極悪非道の犯罪者は被害者に心から謝る気持ちがなかったら、死刑は被害者と被害者の家族に対して、悲しみと怒りをしずめる方法だと思う。一方で、死刑に代わって終身刑も必要であろう。犯罪者にとって贖罪のチャンスになると考える。

20 × 20

第２回　**自殺について**（学生の要約と意見は p.64 に、原文 p.63 に示す）

◇テーマの導入

＊人はどうして自殺するのだと思いますか。

＊自殺を防止するために何が必要だと思いますか。

＊自殺はいけないことだと思いますか。

自殺について

◇要約練習文

　２００６年６月に自殺対策基本法が成立した。日本人の自殺は、年間３万人。自殺率は先進国ではもっとも高い。だから、なんとかして自殺者の数を減らさないといけないというのである。

　自殺者の数は、不景気とも関連している。統計を見てみると、失業者が増えたときには、自殺者も増えているのである。自殺というと、若者の自殺がクローズアップされるが、実際には、高齢者を除けば、働き盛りの５０代の自殺率がもっとも高い。この世代は、妻も子どももいるのだろうから、失業や過労のストレスが自殺の引《ひ》き金《がね》になってしまうのだろう。

　先日、夜の住宅街を歩いていたら、ガレージの前でスーツ姿の中年男性が、カバンをきちんと地面においてしゃがみ込み、両手で頭を抱《かか》えてうつむいていた。全身からはぴりぴりとした苦悩が発散していて、声をかけることもできないような雰囲気だった。そのとき私が思ったのは、この人は自殺するんじゃないかということだった。私は二、三回振り返って歩きながら、しかし何もしてあげることはできなかった。

　そのときの自責《じせき》にも似た重い気持ちを、私はまだ引きずっている。あのときに、何か声をかけてあげるべきじゃなかったのか。それが、他人の人生に介入《かいにゅう》する傲慢《ごうまん》な行為であることは分かっていても、私はあのときに何かをするべきではなかったのか。

　その気持ちの奥底《おくそこ》には、私は死んだ学生に対して何もしてあげられなかったという思いが沈んでいる。死んだ学生の声が、いまだ私の心の中でうつろに響《ひび》いているのである。

◇　参考文

　いつも思うのは、自殺するときに、人はどんな気持ちになるのかということだ。自殺の多くは、絶望による自殺である。もうこれ以上生きていてもつらく苦しいことが続くだけだと思ったり、大切な人を失ったからもう生きる意味がないと思ったりして、人々は自殺するのだと言われている。

　薬の飲み過ぎで死んでしまったＡ君。転落して死んでしまったＢさん。君たちは、死ぬ前にどんなことを思い、どんな精神状態で日々を過ごしていたのだろうか。君たちは、苦しかったときに病院で治療をうけていた。だがそれは、君たちをこちらの世界につなぎ止める力とはなり得なかった。

　私は自殺したいと思ったことが、若いときに一度だけある。私は複雑な人間関係に悩んでいた。親しい人々のあいだに絡《から》め取られ、知りたくない様々なことを知ってしまった。それによって、私は身動きが取れなくなった。私が右に行こうとすれば、あの人を傷つけてしまう。左に行こうとすれば別の人を傷つけてしまう。私がどのようなアクションをおこしても、かならず誰かが傷つくような、そういう情況に置かれていることが心底《しんそこ》わかったとき、私は「死のうかな」と思ったのだ。

　それはどこか甘美《かんび》な気分でもあった。ちょうど雪山《ゆきやま》に足を取られて、まったく身動きできないのだが、しんしんと冷えてゆく雪景色のなかで、自分が悲劇的な世界の中心になっていくような、そういう心地《ここち》よさがあった。死がそのように心地よいものであれば、死を選んだ人たちもそれほど苦しまなかったのかもしれない、と思おうとしている自分がいる。

森岡正博『３３個めの石』

自殺について　　　一六～一九ページ

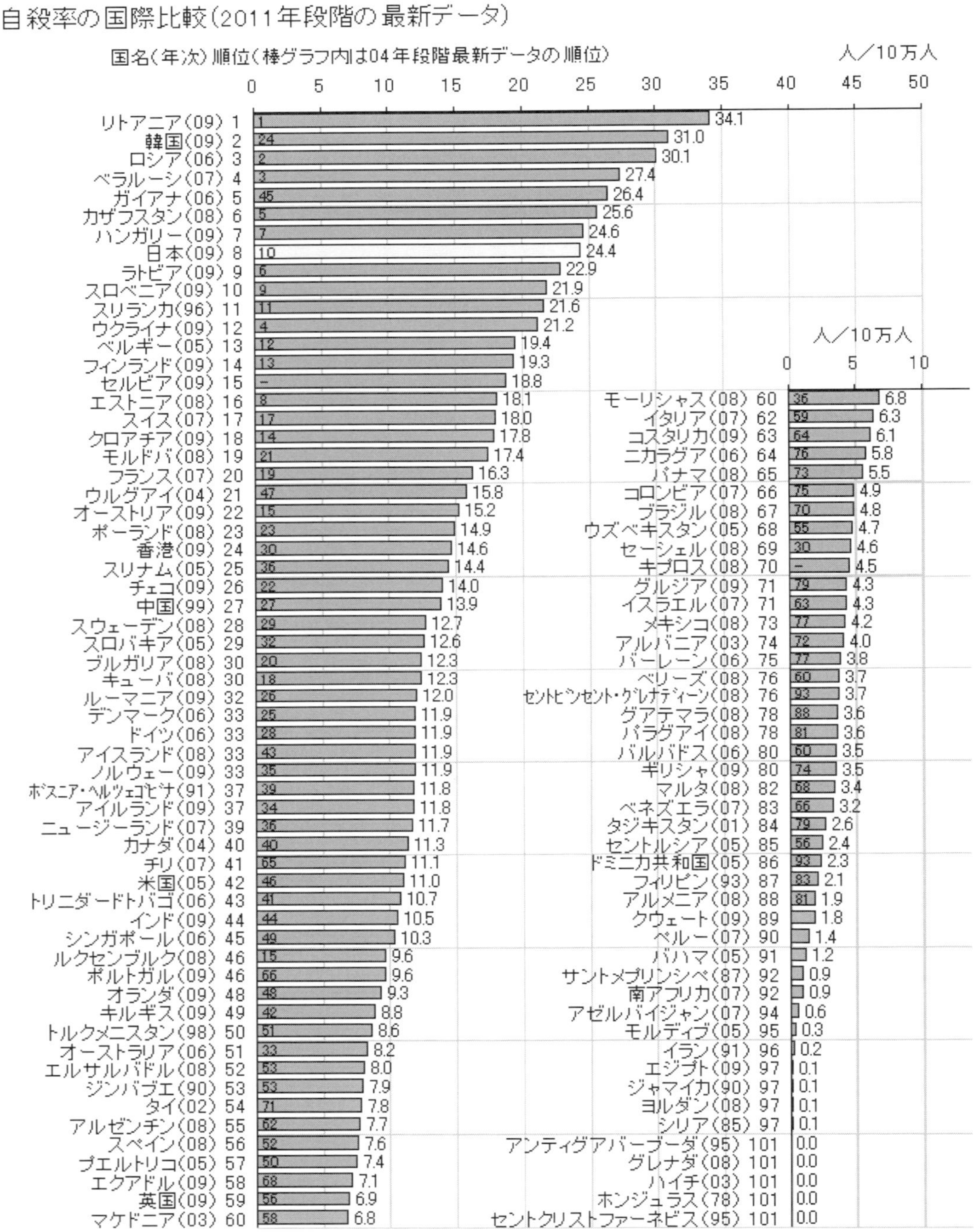
自殺率の国際比較(2011年段階の最新データ)
国名(年次) 順位(棒グラフ内は04年段階最新データの順位)
人／10万人
0 5 10 15 20 25 30 35 40 45 50
リトアニア(09) 1 1 34.1
韓国(09) 2 24 31.0
ロシア(06) 3 2 30.1
ベラルーシ(07) 4 3 27.4
ガイアナ(06) 5 45 26.4
カザフスタン(08) 6 5 25.6
ハンガリー(09) 7 7 24.6
日本(09) 8 10 24.4
ラトビア(09) 9 6 22.9
スロベニア(09) 10 9 21.9
スリランカ(96) 11 11 21.6
ウクライナ(09) 12 4 21.2
ベルギー(05) 13 12 19.4
フィンランド(09) 14 13 19.3
セルビア(09) 15 – 18.8
エストニア(08) 16 8 18.1
スイス(07) 17 17 18.0
クロアチア(09) 18 14 17.8
モルドバ(08) 19 21 17.4
フランス(07) 20 19 16.3
ウルグアイ(04) 21 47 15.8
オーストリア(09) 22 15 15.2
ポーランド(08) 23 23 14.9
香港(09) 24 30 14.6
スリナム(05) 25 36 14.4
チェコ(09) 26 22 14.0
中国(99) 27 27 13.9
スウェーデン(08) 28 29 12.7
スロバキア(05) 29 32 12.6
ブルガリア(08) 30 20 12.3
キューバ(08) 30 18 12.3
ルーマニア(09) 32 26 12.0
デンマーク(06) 33 25 11.9
ドイツ(06) 33 28 11.9
アイスランド(08) 33 43 11.9
ノルウェー(09) 33 35 11.9
ボスニア・ヘルツェゴビナ(91) 37 39 11.8
アイルランド(09) 37 34 11.8
ニュージーランド(07) 39 36 11.7
カナダ(04) 40 40 11.3
チリ(07) 41 65 11.1
米国(05) 42 46 11.0
トリニダードトバゴ(06) 43 41 10.7
インド(09) 44 44 10.5
シンガポール(06) 45 49 10.3
ルクセンブルク(08) 46 15 9.6
ポルトガル(09) 46 66 9.6
オランダ(09) 48 48 9.3
キルギス(09) 49 42 8.8
トルクメニスタン(98) 50 51 8.6
オーストラリア(06) 51 33 8.2
エルサルバドル(08) 52 53 8.0
ジンバブエ(90) 53 53 7.9
タイ(02) 54 71 7.8
アルゼンチン(08) 55 62 7.7
スペイン(08) 56 52 7.6
プエルトリコ(05) 57 50 7.4
エクアドル(09) 58 68 7.1
英国(09) 59 56 6.9
マケドニア(03) 60 58 6.8
人／10万人
0 5 10
モーリシャス(08) 60 36 6.8
イタリア(07) 62 59 6.3
コスタリカ(09) 63 64 6.1
ニカラグア(06) 64 76 5.8
パナマ(08) 65 73 5.5
コロンビア(07) 66 75 4.9
ブラジル(08) 67 70 4.8
ウズベキスタン(05) 68 55 4.7
セーシェル(08) 69 30 4.6
キプロス(08) 70 – 4.5
グルジア(09) 71 79 4.3
イスラエル(07) 71 63 4.3
メキシコ(08) 73 77 4.2
アルバニア(03) 74 72 4.0
バーレーン(06) 75 77 3.8
ベリーズ(08) 76 60 3.7
セントビンセント・グレナディーン(08) 76 93 3.7
グアテマラ(08) 78 88 3.6
パラグアイ(08) 78 81 3.6
バルバドス(06) 80 60 3.5
ギリシャ(09) 80 74 3.5
マルタ(08) 82 68 3.4
ベネズエラ(07) 83 66 3.2
タジキスタン(01) 84 79 2.6
セントルシア(05) 85 56 2.4
ドミニカ共和国(05) 86 93 2.3
フィリピン(93) 87 83 2.1
アルメニア(08) 88 81 1.9
クウェート(09) 89 1.8
ペルー(07) 90 1.4
バハマ(05) 91 1.2
サントメプリンシペ(87) 92 0.9
南アフリカ(07) 92 0.9
アゼルバイジャン(07) 94 0.6
モルディブ(05) 95 0.3
イラン(91) 96 0.2
エジプト(09) 97 0.1
ジャマイカ(90) 97 0.1
ヨルダン(08) 97 0.1
シリア(85) 97 0.1
アンティグアバーブーダ(95) 101 0.0
グレナダ(08) 101 0.0
ハイチ(03) 101 0.0
ホンジュラス(78) 101 0.0
セントクリストファーネビス(95) 101 0.0

参考資料　**自殺率の国際比較（出典：web サイト社会実情データ図録）**

注：中国は中国本土の都市部農村部にわたる調査地域のみの結果。資料は WHO の 105 か国。

自殺について　要約

　年間、自殺者の数が3万人に及ぶ日本は、2006年6月に自殺対策基本法を成立し、なんとかその数を減らそうとした。それは不景気とも関連して失業や過労のストレスが多い50代の自殺率が最も高かった。ここで筆者は自分が自殺しようとする中年男性を目撃したと述べている。しかし、その光景を見ながらも何も助けることができなかった。傍観的《な》行動を《採った方がよかったこと》(否定)しているものの、実際には何もしてあげられなかった自分を責めている。

　私はこの文を読んで、筆者だけでなく、それを実際に見かけても、何の手助けすることなく、(放《放》)っておく実情について哀惜の念を禁じ《え》なかった(である)。助けたい気持ちは山々だが、何か悪いことに絡まれたくはないと(思う《考え直》)あげく、みんな傍観者になってしまうではないかと。(でも)自殺する《したい》人も、どんなにつらい環境に《が》与えられても物事を肯定的に考えていっしょうけんめい生きていけば良いのにと(いう《思う。》)残《自殺は》念(な気持ちなる)だ。

ユンヘさん、要約すばらしいです。
意見も明確です。上手になりました！

自殺について　要約と意見（韓国の学生）

　年間、自殺者の数が3万人に及ぶ日本は、2006年6月に自殺対策基本法を成立させ、なんとかその数を減らそうとした。それは不景気とも関連して失業や過労のストレスが多い50代の自殺率が高かった。ここで筆者は自分が自殺しようとする中年男性を目撃したと述べている。しかしその光景を見ながらも何も助けることができなかった。傍観的な行動を否定しているものの、実際には何もしてあげられなかった自分を責めている。

　私はこの文を読んで、筆者だけでなく、それを実際に見かけても、何の手助けすることなく、放っておく実情について哀惜の念を禁じえなかった。助けたい気持ちは山々だが、何か悪いことに絡まれたくはないと考えたあげく、みんな傍観者になってしまうのではないかと。自殺したい人も、どんなつらい環境が与えられても物事を肯定的に考えて、一生懸命生きていけば良いのにと思う。残念だ。

20×20

第３回　**中絶について**（学生の要約と意見は p.69 に、原文 p.68 に示す）

◇テーマの導入

＊あなたの国では人工妊娠中絶が認められていますか。

＊中絶をしなければならない状況はどのような状況でしょうか。

＊あなたは中絶についてどう思いますか。

中絶《ちゅうぜつ》について

大学の教養科目《きょうようかもく》で倫理学《りんりがく》を教えてきた。受講するのは一回生がほとんどだから、過去の哲学者の話をするのではなく、脳死やクローン技術など、現代の生命倫理の話題を素材《そざい》にして話しをする。そのほうが、授業中に寝る人数も減るし、私語《しご》も少なくなるからだ。

日本の生命倫理を語るとき、私は、第二次大戦直後に成立した「優生保護法《ゆうせいほごほう》」のことからしゃべるようにしている。アウシュビッツの悲惨《ひさん》な状況を知って、もう優生学《ゆうせいがく》はやめようと世界の先進国が決心したまさにそのときに、本格的な優生学へと乗り出したのが日本であった。

優生保護法は、遺伝的《いでんてき》な理由などで「不良な子孫」とみなされた人間に対して、強制的に不妊手術《ふにんしゅじゅつ》を行ってもよいとした。それと同時に、一定の条件を満たしていれば、女性が中絶をしても罪に問わないとした。中絶が事実上、合法化《ごうほうか》されたのである。

しかしその後、高度経済成長を経て、人口減が予測されるようになると、それを防ぐために中絶を禁止しようという動きが出てくる。中絶をできないようにすれば人口減が食《く》い止《と》められるだろうというわけである。ところで、中絶とは具体的にどのようなことをするのだろうか。胎児《たいじ》はどこまで成長しているのであろうか。

あるとき、私の講演会を聞いたという他大学の男子学生からメールが来た。メールによれば、彼は、大学でであった女子学生と付きあっていた。ふたりはほぼ同棲のような生活をして、楽しく学校に通っていた。やがて就職活動をする時期になり、ふたりとも就職先が決まりかけた。

そのときに、彼女が妊娠《にんしん》していることが分かった。彼は喜び、これからの結婚生活を夢見た。ところが、彼女のほうは、悩んだあげく、いまは子どもがほしくないから中絶するという決断をした。「産《う》む産まないは女が決める」という考え方は彼もよく知っていたとのことだ。

しかし、子どもがほしかった彼は、精神状態を崩《くず》した。大学にも行かなくなり、昼間から酒をあびるように飲んで苦しんだ。病院にも通った。「中絶は女性の心を傷つけるというが、男性の心を傷つけることもあるのです」と彼は書いていた。

このようなことがあり得るというのは、頭ではわかっていたが、現実に学生から突きつけられて衝撃を受けた。

ある大学の講演会で、この男性の意見を紹介した。終了後に回収された意見用紙に、女子学生からの反論が書かれていた。「どうして男性は避妊《ひにん》をしなかったのか。避妊もせずに、ただ自己憐憫《れんびん》に浸っているだけの最悪の男だ」というのである。重要で正しい指摘だが、しかし言い過ぎている面もあると私は感じた。この方向に思考を進めていけば、男性と女性が互いに反目《はんもく》し合う結末《けつまつ》しか用意されていないように思えるからだ。

森岡正博『33個めの石』

中絶について　一三八～一四一　一部省略

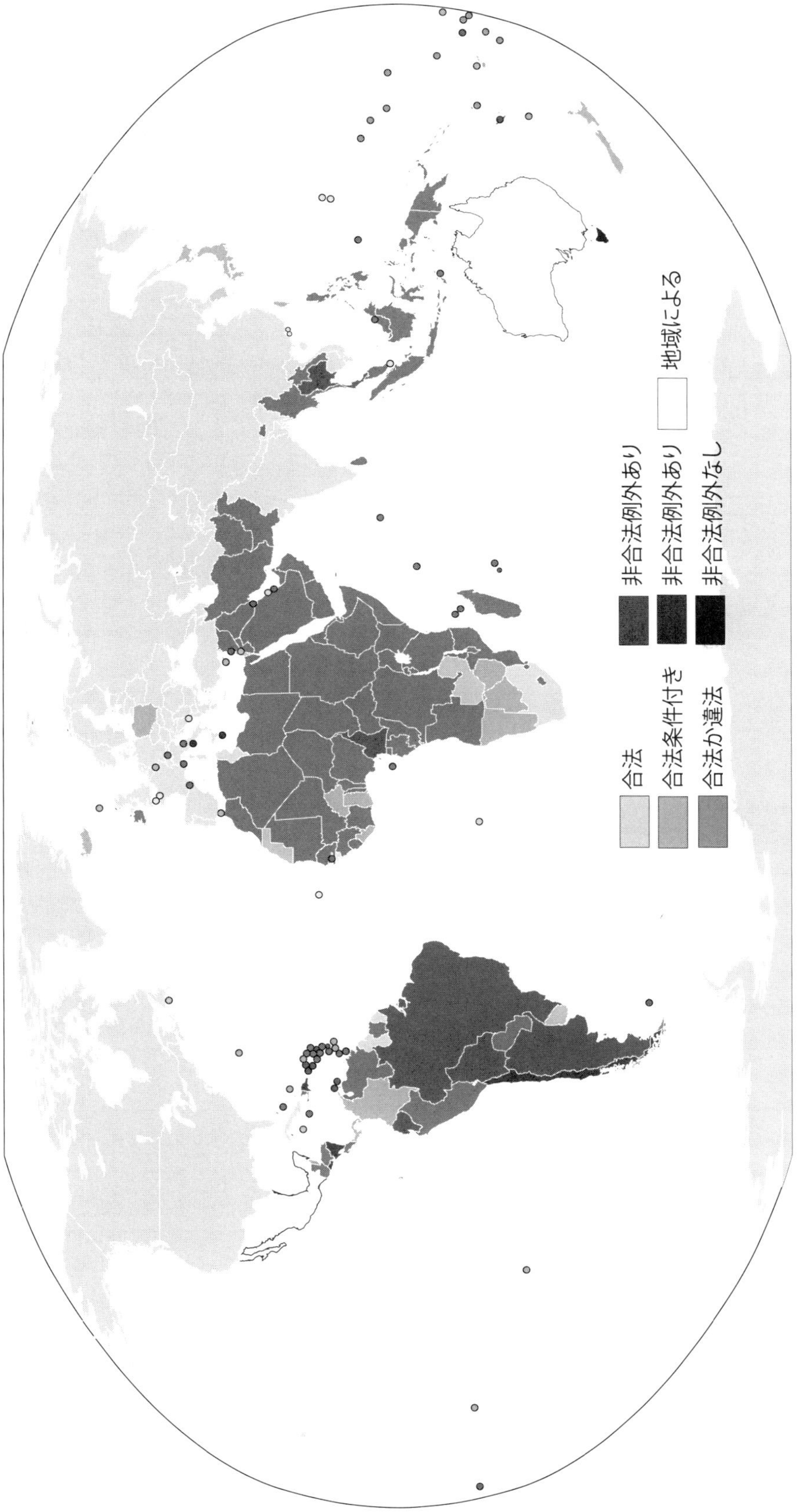

参考資料　人工妊娠中絶の世界地図
File: Blank Map-World6.svg　作者　Nuclear Vacuum

中絶について

アウシュビッツの悲惨な状況を知って、もう優生学はやめようと世界先進国が決心した時に、本格的な優生学へと乗り出したのが日本である。それと同時に、一定の条件を満たしていれば、女性が中絶をしても罪に問わないとした。中絶が事実上、合法化されたのである。しかし、その後、高度経済成長を経て人口減が予測されるようになる時、それを食い止めようと中絶を禁止しようという動きが出てくるようになったのである。

中絶の合法について現実上では「優生保護法」、「母体保護法」などがある。それに加えて、近代では人口増加で悩まされている中国やインドなどで中絶が合法になるそらいがある。他にさまざまな理由があるだろうが、私は中絶することには大反対です。事情があって仕方がないというのは理解できるが、たまたま自分へと訪れてくる大親[切]な命を都合がいいようにしてしまうのは最悪だと思う。

バウさんの意見が明確に伝わります。
良い意見文です。

中絶について　要約と意見（ミャンマー学生）

　アウシュビッツの悲惨な状況を知って、もう優生学はやめようと世界先進国が決心した時に、本格的な優生学へと乗り出したのが日本である。それと同時に、一定の条件を満たしていれば、女性が中絶をしても罪に問わないとした。中絶が事実上、合法化されたのである。しかし、その後、高度経済成長を経て人口減が予測されるようになる時、それを食い止めようと中絶を禁止しようという動きが出てくるようになったのである。

　中絶の合法については現実上では「優生保護法」「母体保護法」などがある。それに加えて、近代では人口増加で悩まされている中国やインドなどで中絶が合法になるきらいがある。他にさまざまな理由があるだろうが、私は中絶することには大反対である。事情があって仕方がないというのは理解できるが、たまたま自分に訪れた大切な命を都合よくしてしまうのは最悪だと思う。

20 × 20

第4章
小説のあらすじと感想　作品を楽しむ

1．作文練習の最後は作品を楽しむ

「最後は小説ですか。」

「はい。新聞の縮約、新書の要約、意見文の要約と意見、と進み、要約を書く力、意見文を書く力がついて来ましたね。作文力のまとめは、小説を味わい、粗筋《あらすじ》を書き、それについて感想・意見を書く練習です。」

2．“粗筋”とは何ですか

「粗筋とは何ですか。」

「粗筋とは、作品のだいたいの内容がわかるように、作品を要約した文章です。粗筋では、要約文であることを伝える表現文型は用いません。」

3．粗筋練習に適した作品

「どのような作品が粗筋の練習に適していますか。」

「せっかくですから、日本のよい作家の作品を味わいたいですね。ストーリー性があって、1回の授業で読みきれるぐらいの長さのものがいいですね。」

例えば

＊齋藤孝 (2002)『理想の国語教科書』文芸春秋

4．粗筋を書く手順

90 分授業の構成

1）15 分：作家についての説明と作品の音読

2）60 分：個別作業　黙読→粗筋の完成→感想文の完成→回収

3）15 分：他者の感想の傾聴

夏目漱石の夢十夜「第一夜」を例に粗筋と感想を書く手順を説明します。

(1) 15 分：作家についての説明と作品の音読

(1) その作家を身近に

　その作家が日本文学の中でどのような存在であったか、どのような生き方をしたか、どんな作品を書いたか、指導者自身はその作家についてどう感じているかなどを伝えることによって、学習者をその作家の世界に連れて行きます。

(2) 音読はリズミカルに

　作品は流れが大切です。音読をリズミカルにする方法は、句点読み。句点が来たら次の人に変わります。漢字には振り仮名を振っておきましょう。

夏《なつ》目《め》漱石《そうせき》（1867 ～ 1916）

　江《え》戸《ど》牛込《うしごめ》（東京都新宿）に生まれる。東京大学英文科卒業。松山中学校教師、熊本第五高等学校教授後、文部省留学生として英国に留学。帰国後、東京大学にて『文学論』『十八世紀文学』を講ずる。40 歳で朝日新聞の専属作家となり、49 歳で亡くなるまでの 10 年間、自己意識を問う作品を書き続けた。

　主な著書は、『我輩は猫である』『坊ちゃん』『三四郎』『こころ』『明暗』など。

　ここで取り上げる『夢十夜』は、1908 年 7 月 25 日から 8 月 5 日まで朝日新聞で連載された。「こんな夢を見た」で始まり、10 の不思議な夢を綴《つづ》る。

(2) 60 分：粗筋（200 字）と感想（200 字）を書く

◇粗筋の書き方

　作品を味わってよく読み、200 字で、だいたいの内容がわかるように粗筋を書きます。

◇粗筋の構成

1）序論：全体は何についての話しかを書く。

　この話は～（についての）話である。

2）本論：いつ、どこで、だれが、何を、何のために、どうしたか（５W1H)、がわかるように書く。

『夢十夜《ゆめじゅうや》』第一夜《だいいちや》

夏目漱石《なつめそうせき》

　こんな夢《ゆめ》を見た。

　腕組《うでぐみ》をして枕元《まくらもと》に坐《すわ》っていると、仰向《あおむき》に寝た女が、静かな声でもう死にますと云《い》う。女は長い髪を枕に敷いて、輪郭《りんかく》の柔《やわ》らかな*1瓜実顔《うりざねがお》をその中に横たえている。真白な頬《ほほ》の底に温かい血の色が程《ほど》よく差して、唇《くちびる》の色は無論《むろん》赤い。到底《とうてい》死にそうには見えない。然《しか》し女は静かな声で、もう死にますと判然《はっきり》云った。自分も確《たしか》にこれは死ぬなと思った。そこで、そうかね、もう死ぬのかね、と上から覗《のぞ》き込《こ》む様にして聞いてみた。死にますとも、と云いながら、女はぱっちりと眼を開《あ》けた。大きな潤《うるおい》のある眼で、長い睫《まつげ》に包まれた中は、只一面《ただいちめん》に真黒《まっくろ》であった。その真黒な眸《ひとみ》の奥に、自分の姿が鮮《あざやか》に浮かんでいる。

　自分は透《す》き徹《とお》る程深《ほどふか》く見えるこの黒眼《くろめ》の色沢《つや》を眺《なが》めて、これでも死ぬのかと思った。それで、ねんごろに枕の傍《そば》へ口を付けて、死ぬんじゃなかろうね、大丈夫だろうね、と又聞き返した。すると女は黒い眼を眠そうに睜《みはっ》たまま、やっぱり静かな声で、でも死ぬんですもの、仕方《しかた》がないわと云った。

　じゃ、私の顔が見えるかいと一心《いっしん》に聞くと、見えるかいって、そら、そこに、写ってるじゃありませんかと、にこりと笑って見せた。自分は黙って、顔を枕から離した。腕組をしながら、どうしても死ぬのかなと思った。

　しばらくして、女が又こう云った。

「死んだら、埋《う》めて下さい。大きな真珠貝《しんじゅがい》で穴を掘《ほ》って。そうして天から落ちて来る星の破片《かけ》を墓標《はかじるし》に置いて下さい。そうして墓の傍《そば》に待っていて下さい。又逢《あ》いに来ますから」

　自分は、何時《いつ》逢いに来るかねと聞いた。

「日が出るでしょう。それから日は沈むでしょう。それから又出るでしょう、そうして沈むでしょう。——赤い日が東から西へ、東から西へと落ちていくうちに、——あなた、待っていられますか」

　自分は黙って首肯《うなずい》た。女は静かな調子を一段《いちだん》張り上げて、

「百年待っていて下さい」と思い切《きっ》た声で云った。

「百年、私の墓の傍《そば》に坐《すわ》って待っていて下さい。きっと逢いに来ますから」

　自分は只《ただ》待っていると答えた。すると、黒い眸《ひとみ》のなかに鮮《あざやか》に見えた自分の姿が、ぼう

つと崩《くず》れて来た。静かな水が動いて写《うつ》る影を乱《みだ》した様に、流れ出したと思ったら、女の眼がぱちりと閉じた。長い睫《まつげ》の間から涙が頬《ほほ》へ垂《た》れた。——もう死んでいた。

自分はそれから庭《にわ》へ下《お》りて、真珠貝《しんじゅがい》で穴《あな》を掘《ほ》った。真珠貝は大きな滑《なめら》かな縁《ふち》の鋭《するど》い貝であった。土をすくう度《たび》に、貝の裏に月の光が差してきらきらした。湿《しめ》った土の匂《におい》もした。穴《あな》はしばらくして掘《ほ》れた。女をその中に入れた。そうして柔《やわ》らかい土を、上からそっと掛《か》けた。掛ける毎《たび》に真珠貝の裏に月の光が差した。

それから星《ほし》の破《か》片《け》の落ちたのを拾《ひろ》って来て、かろく土の上へ乗せた。星の破《か》片《け》は丸かった。長い間大空《おおぞら》を落ちている間に、角《かど》が取れて滑《なめら》かになったんだろうと思った。抱《だ》き上げて土の上へ置くうちに、自分の胸《むね》と手が少し暖《あたたか》くなった。

自分は苔《こけ》の上に坐《すわ》った。これから百年の間こうして待っているんだなと考えながら、腕組《うでぐみ》をして、丸い墓石《はかいし》を眺《なが》めていた。そのうちに、女の云《い》った通り日が東から出た。大きな赤い日であった。それが又女の云《い》った通り、やがて西へ落ちた。赤いまんまでのつと落ちて行った。一つと自分は勘定《かんじょう》した。

しばらくすると又*2唐紅《からくれない》の*3天道《てんとう》がのそりと上って来た。そうして黙《だま》って沈んでしまった。二つと又勘定《かんじょう》した。

自分はこう云《い》う風に一つ二つと勘定《かんじょう》して行くうちに、赤い日をいくつ見たか分らない。勘定《かんじょう》しても、勘定《かんじょう》しても、しつくせない程赤い日が頭の上を通り越して行った。それでも百年がまだ来ない。しまいには、苔《こけ》の生《は》えた丸い石を眺《なが》めて、自分は女に欺《だま》されたのではなかろうかと思い出した。

すると石の下から斜《ななめ》に自分の方へ向いて青い茎《くき》が伸びて来た。見る間《ま》に長くなって丁度《ちょうど》自分の胸のあたりまで来て留《と》まった。と思うと、すらりと揺《ゆら》ぐ茎《くき》の頂《いただき》に、心持首《こころもちくび》を傾《かたむ》けていた細長い一輪《いちりん》の蕾《つぼみ》が、ふっくらと瓣《はなびら》を開いた。真白な百合《ゆり》が鼻の先で骨《ほね》に徹《こた》える程匂《ほどにお》った。そこへ遥《はるか》の上から、ぽたりと露《つゆ》が落ちたので、花は自分の重《おも》みでふらふらと動いた。自分は首《くび》を前へ出して冷たい露《つゆ》の滴《しただ》る、白い花瓣《はなびら》に接吻《せっぷん》した。自分が百合《ゆり》から顔を離す拍子《ひょうし》に思わず、遠い空を見たら、暁《あかつき》の星がたった一つ瞬《またた》いていた。

「百年はもう来ていたんだな」とこの時始《ときはじ》めて気が付いた。

＊1　瓜実顔　瓜の種のような色白く細い顔
＊2　唐紅　濃い紅の色
＊3　天道　太陽

◇粗筋を書きながら感じたことを感想文にする

作品を味わいながら感じたことを、感想文の表現文型を用いて200字にまとめる。

　　夢十夜第一夜　粗筋（中国の学生）
　夢を見る。そこに現れる一人の女が自分の
死を告げてくる。死に際に私と百年の約束を
して、去ってゆく女である。言われた通りに
待ち続ける私。ひたすら待ち続け、もうどれ
ほど経ったかもわからなくなって、欺されたた
とおもい始める私。と、その時に、一輪の蕾
が萌え出る。もう百年かと気付く私。

(3) 15分：他者の感想を味わう

指導者がクラスのみんなの感想文を、クラス全体に伝わるように、音読します。それぞれが感じたことを大切に、他者の感想を味わいましょう。

　　夢十夜第一夜　感想（中国の学生）
　夏目漱石はわかりにくい日本語の書き言葉
を話し言葉のまま書く、言文一致運動の先駆
の一人である。甘美な描写と自然な流れで、
美しく、儚き夢の世界を創りたてた。危うく
幻の世界へと引き込まれそうになった。最後
のところで、一輪の花を登場させるシーンが
素晴らしいと思った。さんざん人を待たせ、
希望を絶やさず、光を与える。はて、その光
の正体を明かさず、読者の想像に任せるとい
う発想、ネタをしく技が実にうまい。漱石の
文を読むと、先の話をどうしても知りたくな
ってしまう。しかし、それは夢の中に……。

5．粗筋練習帳

第1回　太宰治　　『走れメロス』

太宰治《だざいおさむ》（1909～1948）

青森県津軽郡に生まれる。11人兄姉弟の第10子。父は貴族院議員。東大を中退し、作家活動。1948年6月13日、入水心中。太宰治の命日である6月13日は『桜桃忌』と呼ばれ、墓所のある禅林寺（東京都三鷹市）には、現在も多くのファンが参拝に訪れる。

主な作品に、『斜陽』『人間失格』『桜桃』などがある。

ここで取り上げる『走れメロス』は、最後に「古伝説とシルレルの詩から」と書かれている。ギリシア神話のエピソードと「シルレル」すなわちドイツのシラーの詩をもとに創作されたものである。ストーリーの展開が明快である。取り上げたのは前半の一部。ぜひ全部を味わってほしい。

『走れメロス』　　太宰治

メロスは激怒《げきど》した。必ず、かの邪知暴虐《じゃちぼうぎゃく》の王を除《のぞ》かなければならぬと決意した。メロスには政治《せいじ》がわからぬ。メロスは、村の牧人《ぼくじん》である。笛《ふえ》を吹き、羊《ひつじ》と遊んで暮らして来た。けれども邪悪《じゃあく》に対しては、人一倍《ひといちばい》に敏感《びんかん》であった。きょう未明《みめい》メロスは村を出発し、野を越《こ》え山越え、十里《じゅうり》はなれた此《こ》の*1シラクスの市《まち》にやって来た。メロスには父も、母も無い。女房《にょうぼう》も無い。十六の内気《うちき》な妹と二人暮しだ。この妹は、村の或《あ》る律儀《りちぎ》な一牧人《ぼくじん》を、近々、花婿《はなむこ》として迎《むか》える事になっていた。結婚式も間近《まぢか》なのである。メロスは、それゆえ、花嫁《はなよめ》の衣装《いしょう》やら祝宴《しゅくえん》のご馳走《ちそう》やらを買いに、はるばる市《いち》にやって来たのだ。先ず、その品々を買い集め、それから都の大路《おおじ》をぶらぶら歩いていた。メロスには竹馬《ちくば》の友があった。セリヌンティウスである。今は此のシラクスの市《いち》で、石工《いしく》をしている。その友を、これから訪ねてみるつもりなのだ。久《ひさ》しく逢わなかったのだから、訪ねて行くのが楽しみである。歩いているうちにメロスは、まちの様子《ようす》を怪《あや》しく思った。ひっそりしている。もう既《すで》に日も落ちて、まちの暗いのは当りまえだが、けれども、なんだか、夜のせいばかりでは無く、市《まち》全体が、やけに寂しい。のんきなメロスも、だんだん不安になって来た。

路《みち》で逢《あ》った若い衆《しゅう》をつかまえて、何かあったのか、二年まえに此の市《まち》に来たときは、夜でも皆が歌をうたって、まちは賑《にぎ》やかであった筈《はず》だが、と質問した。若い衆は、首を振って答えなかった。しばらく歩いて老爺《ろうや》に逢い、こんどはもっと、語勢《ごせい》を強くして質問した。老爺《ろうや》は答えなかった。メロスは両手で老爺《ろうや》のからだをゆすぶって質問を重ねた。老爺《ろうや》は、あたりをはばかる低声《ていせい》で、わずか答えた。

「王様は、人を殺します」

「なぜ殺すのだ」

「悪心《あくしん》を抱《いだ》いている、というのですが、誰もそんな、悪心を持っては居《お》りませぬ」

「たくさんの人を殺したのか」

「はい、はじめは王様の妹婿《いもうとむこ》さまを。それから、ご自身のお世嗣《よつぎ》を。それから、妹さまを。それから、妹さまの御子《おこ》さまを。それから、皇后《こうごう》さまを。それから賢臣《けんしん》のアレキス様を」

「おどろいた。国王は乱心《らんしん》か」

「いいえ、乱心ではございませぬ。人を、信ずることが出来ぬ、というのです。このごろは、臣下《しんか》の心をも、お疑いになり、少しく派手《はで》な暮しをしている者には、人質《ひとじち》ひとりずつ差し出すことを命じて居《お》ります。ご命令を拒《こば》めば十字架《じゅうじか》にかけられて、殺されます。きょうは、六人殺されました」

聞いて、メロスは激怒《げきど》した。「呆《あき》れた王だ。生かして置けぬ」

メロスは、単純な男であった。買い物を背負《せお》ったままで、のそのそ王城《おうじょう》にはいって行った。たちまち彼は、巡邏《じゅんら》の警吏《けいり》に捕縛《ほばく》された。調べられて、メロスの懐中《かいちゅう》から短剣《たんけん》が出て来たので、騒《さわ》ぎが大きくなってしまった。メロスは、王の前に引き出された。

「この短剣で何をするつもりであったか。言え！」暴君《ぼうくん》ディオニソスは静かに、けれども威厳《いげん》を以《もっ》て問いつめた。その王の顔は蒼白《そうはく》で、眉間《みけん》の皺《しわ》は、刻《きざ》み込まれたように深かった。

「市《まち》を暴君の手から救《すく》うのだ」とメロスは悪《わる》びれずに答えた。

「おまえがか？」王は憫笑《びんしょう》した。「仕方の無いやつじゃ。おまえには、わしの孤独がわからぬ」「言うな！」メロスは、いきり立って反駁《はんばく》した。「人の心を疑うのは、最も恥ずべき悪徳《あくとく》だ。王は、民《たみ》の忠誠《ちゅうせい》をさえ疑って居られる」

「疑うのが、正当な心構《こころがま》えなのだと、わしに教えてくれたのは、おまえたちだ。人の心は、あてにならない。人間は、もともと私慾《しよく》のかたまりさ。信じては、ならぬ」暴君は落ち着いて呟《つぶや》き、ほっと溜息《ためいき》をついた。「わしだって、平和を望んでいるのだが」

「なんの為《ため》の平和だ」

「だまれ、下賤《げせん》のもの」王は、さっと顔を挙《あ》げて報《むく》いた。「口では、どんな清らかな事でも言える。わしには、人の腹綿《はらわた》の奥底が見え透《す》いてならぬ。おまえだって、いまに磔《はりつけ》になってから、泣いて詫《わ》びたって聞かぬぞ」

「ああ、王は悧巧《りこう》だ。自惚《うぬぼ》れているがよい。私はちゃんと死ぬる覚悟《かくご》で居《お》るのに。命乞《いのちご》いなど決してしない。ただ――」と言いかけて、メロスは足もとに視線を落し瞬時《しゅんじ》ためらい、「ただ私に情《なさけ》をかけたいつもりなら、処刑《しょけい》まで三日間の日限《にちげん》を与えて下さい。たった一人の妹に、亭主《ていしゅ》をもたせてやりたいのです。三日のうちに、私は村で結婚式を挙《あ》げさせ、必ず、ここへ帰ってきます」

「ばかな」と暴君は、嗄《しわが》れた声で低く笑った。「とんでもない嘘《うそ》を言うわい。逃がした小鳥が帰ってくるというのか」

「そうです。帰って来るのです」メロスは必死《ひっし》で言い張った。「私は約束を守ります。私を、三日間だけ赦《ゆる》して下さい。妹が、私の帰りを待っているのだ。そんなに私を信じられないならば、よろしい、この市《まち》にセリヌンティウスという石工《いしく》がいます。私の無二《むに》の友人だ。あれを、人質《ひとじち》としてここに置いて行こう。私が逃《に》げてしまって、三日目の日暮《ひぐれ》まで、ここに帰って来なかったら、あの友人を絞《し》め殺して下さい。たのむ。そうして下さい」

　それを聞いて王は、残虐《ざんぎゃく》な気持で、そっと*2ほくそ笑《え》んだ。生意気《なまいき》なことを言うわい。どうせ帰って来ないにきまっている。この嘘《うそ》つきに騙《だま》された振《ふ》りして、放《はな》してやるのも面白《おもしろ》い。そうして身代《みが》わりの男を、三日目に殺してやるのも気味《きみ》がいい。人は、これだから信じられぬと、わしは悲しい顔して、その身代わりの男を磔刑《はりつけ》に処《しょ》してやるのだ。世の中の、正直者《しょうじきもの》とかいう奴輩《やつばら》にうんと見せつけてやりたいものさ。

「願いを、聞いた。その身代《みが》わりを呼ぶがよい。三日目には日没《にちぼつ》までに帰って来い。おくれたら、その身代わりを、きっと殺すぞ。ちょっとおくれて来るがいい。おまえの罪は、永遠《えいえん》にゆるしてやろうぞ」

「なに、何をおっしゃる」

「はは。いのちが大事だったら、おくれて来い。おまえの心は、わかっているぞ」

メロスは口惜《くちお》しく、地団駄《じだんだ》踏《ふ》んだ。ものも言いたくなくなった。

竹馬《ちくば》の友、セリヌンティウスは、深夜、王城《おうじょう》に召《め》された。暴君《ぼうくん》ディオニスの面前《めんぜん》で、佳《よ》き友は、二年ぶりで相逢《あいお》うた。メロスは、友に一切《いっさい》の事情《じじょう》を語った。セリヌンティウスは、縄打《なわう》たれた。メロスは、すぐに出発した。初夏、満天《まんてん》の星である。

メロスはその夜、一睡《いっすい》もせずに十里《じゅうり》の路《みち》を急ぎに急いで、村へ到着したのは、翌《あく》る日の午前、陽《ひ》は既《すで》に高く昇って、村人たちは野に出て仕事をはじめていた。メロスの十六の妹も、きょうは兄の代《かわ》りに羊《ひつじ》群の番をしていた。よろめいて歩いて来る兄の、疲労困憊《ひろうこんぱい》の姿を見つけて驚いた。そうしてうるさく兄に質問を浴《あ》びせた。

「なんでも無い」メロスは無理に笑おうと努めた。「市《まち》に用事を残して来た。またすぐ市《まち》に行かなければならぬ。あす、おまえの結婚式を挙《あ》げる。早いほうがよかろう」

妹は頬《ほほ》をあからめた。

「うれしいか。綺麗《きれい》な衣裳《いしょう》も買って来た。さあ、これから行って、村の人たちに知らせて来い。結婚式は、あすだと」

メロスは、また、よろよろ歩き出し、家へ帰って神々《かみがみ》の祭壇《さいだん》を飾《かざ》り、祝宴《しゅくえん》の席を調《ととの》え、間もなく床《ゆか》に倒《たお》れ伏《ふ》し、呼吸もせぬくらいの深い眠りに落ちてしまった。

(中略。妹の結婚式が行われる)

　眼が覚《さ》めたのは翌《あく》る日の薄明《はくめい》の頃である。メロスは跳《は》ね起き、*3南無三《なむさん》、寝過ごしたか、いや、まだ大丈夫《だいじょうぶ》、これからすぐに出発すれば、約束の刻限《こくげん》までには十分間に合う。きょうは是非《ぜひ》とも、あの王に、人の信実《しんじつ》の存《そん》するところを見せてやろう。そうして笑って磔《はりつけ》の台に上《あが》ってやる。メロスは悠々《ゆうゆう》と身支度《みじたく》をはじめた。雨も、いくぶん小《こ》降《ぶ》りになっている様子である。身支度《みじたく》は出来た。さて、メロスは、ぶるんと両腕《りょううで》を大きく振って、雨《う》中《ちゅう》、矢《や》の如《ごと》く走り出た。

　私は、今宵《こよい》、殺される。殺される為《ため》に走るのだ。身代《みが》わりの友を救うために走るのだ。王の*4奸佞邪智《かんねいじゃち》を打ち破る為に走るのだ。走らなければならぬ。そうして、私は殺される。若い時から名誉《めいよ》を守れ。さらば、ふるさと。

＊1　シラクス　紀元前八世紀、イタリア南端のシチリア島に築かれたギリシャの都市国家

＊2　ほくそ笑む　ものごとが思い通りに進んだとひそかに笑う

＊3　南無三　しまった、大変だの意

＊4　奸佞　心の底まで悪が巣くっている様子

走れメロス　粗筋

　邪知暴虐の王に激怒したメロスが、市を暴君の手から救おうとして王を殺そうとする。メロスは捕えられ、調べられ処刑されることになる。メロスは妹を結婚させたいから三日だけ待ってもらうように王に願う。残虐な王はメロスの約束など信じないが、メロスが親友セリヌンティウスを人質として置いていくというと、その身代わりを処刑するのも気味がいいと考え、認める。メロスは3日ではたして帰って来るか。

（20 × 10）

走れメロス　感想

　走れメロスは人間不信の王が、メロスとセリウンティウスの友情にふれ、変わっていく物語だと思う。この部分だけからは、まだ帰ってこられるかどうかわからない。

　メロスは激怒した、という出だしが印象的である。単純な男、メロスが激怒し、自分の命を顧みず、人々を救おうとする。自分に出来るかどうか、そんなことは考えない。ひたすら人のために生きていくことにこそ、メロスの使命がある。私もそうありたいと思う。

（20 × 10）

第２回　芥川龍之介　『鼻』

芥川《あくたがわ》龍《りゅう》之《の》介《すけ》（1892 ～ 1927）

東京に生まれる。実母発狂のため、母の実家、芥川家に移る。一高卒業。東大英文科在学中から作家活動。1927 年 7 月 24 日、服毒自殺。芥川龍之介を記念した「芥川賞」は、純文学の新人に与えられる文学賞である。

主な作品に、『羅生門』『蜘蛛の糸』『河童』『或阿呆人の一生』などがある。

ここで取り上げる『鼻』は、長い鼻を短くしようとする僧侶の物語。ここでは、全体の物語を味わってもらうため、途中の一部を省略した。

『鼻』　　　　**芥川龍之介**

禅智内供《ぜんちないぐ》の鼻と云《い》えば、*1池《いけ》の尾《お》で知らない者はない。長さは五六寸《ごろくすん》あって上唇《うわくちびる》の上からあごの下まで下《さが》っている。形は元《もと》も先も同じように太《ふと》い。云《い》わば細長《ほそなが》い腸詰《ちょうづめ》のような物がぶらりと顔のまん中からぶら下っているのである。

五十歳を越えた内供《ないぐ》は、*2沙弥《しゃみ》の昔から、内道場供奉《ないどうじょうぐぶ》の職にのぼった今日まで、内《ない》心《しん》では始終《しじゅう》この鼻を苦《く》に病《や》んで来た。勿論《もちろん》表面では、今でもさほど気にならないような顔をしてすましている。これは専念《せんねん》に当来《とうらい》の浄土《じょうど》を*3渇仰《かつぎょう》すべき僧侶《そうりょ》の身で、鼻の心配をするのが悪いと思ったばかりではない。それよりむしろ、自分で鼻を気にしていると云《い》う事を、人に知られるのが嫌《いや》だったからである。内供は日常の談話《だんわ》の中に、鼻と云う話が出て来るのを何よりも惧《おそ》れていた。

内供が鼻を持てあました理由は二つある。――一つは実際的に、鼻の長いのが不便だったからである。第一飯《めし》を食《く》う時にも独《ひと》りでは食えない。独りで食えば、鼻の先が*4かなまりの中の飯《めし》へとどいてしまう。そこで内供《ないぐ》は弟子《でし》の一人を膳《ぜん》の向こうへ坐《すわ》らせて、飯を食う間中《あいだじゅう》、広さ一寸《いっすん》長さ二尺《にしゃく》ばかりの板で、鼻を持上げていて貰《もら》う事にした。しかしこうして飯《めし》を食《く》うと云《い》う事は、持上げている弟子にとっても、持上げられている内供にとっても、決して容易《ようい》な事ではない。一度この弟子の代《かわ》りをした*5中童子《ちゅうどうじ》が、くしゃみをした拍子《ひょうし》に手がふるえて、鼻を粥《かゆ》の中へ落とした話は、当時京都まで喧伝《けんでん》された。――けれどもこれは内供にとって、決して鼻を苦《く》に病《や》んだおもな理由ではない。内供は実にこの鼻によって傷《きず》つけられる自尊心《じそんしん》のために苦しんだのである。

池《いけ》の尾《お》の町の者は、こう云う鼻をしている禅智内供《ぜんちないぐ》のために、内供の俗《ぞく》でない事を仕《し》合《あわ》せだと云った。あの鼻では誰も妻《つま》になる女があるまいと思ったからである。中にはまた、あの鼻だから出家《しゅっけ》したのだろうと批評《ひひょう》する者さえあった。しかし内供は、自分が僧であるために、幾分《いくぶん》でもこの鼻に煩《わずら》される事が少なくなったと思っていない。内供の自尊心は、妻帯《さいたい》と云うような結果的《けっかてき》な事実《じじつ》に左右《さゆう》されるためには、余《あま》りにデリケイトに出来ていたのである。そこで内供は、積極的《せっきょくてき》にも消極的《しょうきょくてき》にも、この自尊心の毀損《きそん》を恢復《かいふく》しようと試《こころ》みた。

第一に内供《ないぐ》が考えたのは、この長い鼻を実際以上に短く見せる方法である。これは人のいない時に、鏡《かがみ》へ向って、いろいろな角度《かくど》から顔を映《うつ》しながら、熱心《ねっしん》に工夫《くふう》を凝《こ》らして見た。どうかすると、顔の位置を換《か》えるだけでは、安心が出来なくなって、頬杖《ほおづえ》をついたり頤《あご》の先へ指をあてがったりして、根気《こんき》よく鏡《かがみ》を覗《のぞ》いて見る事もあった。しかし自分でも満足するほど、鼻が短く見えた事は、これまでただの一度もない。時によると、苦心すればするほど、長く見えるような気さえした。内供は、こう云う時には、鏡を箱《はこ》へしまいながら、今更《いまさら》のようにため息をついて、不承不承《ふしょうぶしょう》にまた元《もと》の経机《きょうづくえ》へ、観音経《かんのんきょう》をよみに帰るのである。　　　（中略）

内供がこう云う消極的《しょうきょくてき》な苦心《くしん》をしながらも、一方ではまた、積極的《せっきょくてき》に鼻の短くなる方法を試《こころ》みた事は、わざわざここに云うまでもない。内供はこの方面でもほとんど出来るだけの事をした。烏瓜《からすうり》を煎《せん》じて飲んで見た事もある。鼠《ねずみ》の尿《いばり》を鼻へなすって見た事もある。しかし何をどうしても、鼻は依然《いぜん》として、五六寸の長さをぶらりと唇《くちびる》の上にぶら下げているではないか。

所《ところ》がある年の秋、内供《ないぐ》の用を兼《か》ねて、京《きょう》へ上《のぼ》った弟子《でし》の僧《そう》が、知己《しるべ》の医者から長い鼻を短くする法を教《おそ》わって来た。その医者と云うのは、もと*6震旦《しんたん》から渡って来た男で、当時は長楽寺《ちょうらくじ》の供僧《ぐそう》になっていたのである。

内供は、いつものように、鼻などは気にかけないと云《い》う風をして、わざとその法もすぐにやって見ようとは云わずにいた。そうして一方では、気軽《きがる》な口調《くちょう》で、食事の度毎《たびごと》に、弟子の手数《てかず》をかけるのが、心苦《こころぐる》しいと云うような事を云った。内心《ないしん》では勿論《もちろん》弟子《でし》の僧《そう》が、自分を説伏《ときふ》せて、この法を試《こころ》みさせるのを待っていたのである。弟子の僧にも、内供のこの策《さく》略《りゃく》がわからない筈《はず》はない。しかしそれに対する反感《はんかん》よりは、内供のそう云う策《さく》略《りゃく》をとる心もちの方が、より強くこの弟子の僧の同情《どうじょう》を動かしたのであろう。弟子の僧は、内供の予《よ》期《き》通り、口を極《きわ》めて、この法を試みる事を勧《すす》め出した。そうして内供自身もまた、その予《よ》期《き》通り、結局《けっきょく》この熱心《ねっしん》な勧告《かんこく》に聴従《ちょうじゅう》する事になった。

その法と云うのは、ただ、鼻を茹《ゆ》でて、その鼻を人に踏《ふ》ませると云う、極《きわ》めて簡単《かんたん》なものであった。（中略）

さて二度目に茹《ゆ》でた鼻を出して見ると、成程《なるほど》、いつになく短くなっている。これではあたりまえの鍵鼻《かぎばな》と大《たい》した変りはない。内供はその短くなった鼻を撫《な》でながら、弟子の僧の出してくれる鏡《かがみ》を、極《きま》りが悪そうにおずおず覗《のぞ》いて見た。

鼻は——あのあごの下まで下っていた鼻は、ほとんど嘘《うそ》のように萎縮《いしゅく》して、今は僅《わずか》に上唇《うわくちびる》の上で意気地《いくじ》なく*7残喘《ざんぜん》を保《たも》っている。所々《ところどころ》まだらに赤くなっているのは、恐《おそ》らく踏《ふ》まれた時の痕《あと》であろう。こうなれば、もう誰も嗤《わら》うものはないにちがいない。——鏡の中にある内供の顔は鏡の外にある内供の顔を見て、満足《まんぞく》そうに眼をしばたたいた。

しかし、その日はまだ一日、鼻がまた長くなりはしないかと云う不安があった。そこで内供は誦経《ずきょう》する時にも、食事をする時にも、暇《ひま》さえあれば手を出して、そっと鼻の先にさわって見た。が、鼻は行儀《ぎょうぎ》よく唇《くちびる》の上に納《おさ》まっているだけで、格別《かくべつ》それより下へぶら下って来る景色《けしき》もない。それから一晩《ひとばん》寝て、あくる日早く眼がさめると内供はまず、第一に、自分の鼻を撫《な》でて見た。鼻は依然《いぜん》として短い。内供はそこで、幾年《いくねん》にもなく、法《ほ》華《け》経《きょう》書写《しょしゃ》の功《こう》を積《つ》んだ時のような、のびのびした気分になった。

所《ところ》が二三日《にさんにち》たつ中《うち》に、内供は意外《いがい》な事実を発見した。それは折《おり》から、用事があって、池《いけ》の尾《お》の寺を訪《おとず》れた侍《さむらい》が、前よりも一層《いっそう》可笑《おか》しそうな顔をして、話も碌々《ろくろく》せずに、じろじろ内供の鼻ばかり眺《なが》めていた事である。それのみならず、かつて、内供の鼻を粥《かゆ》の中へ落した事のある中童子《ちゅうどうじ》なぞは、講堂《こうどう》の外で内供と行きちがった時に、始めは、下を向いて可笑《おか》しさをこらえていたが、とうとうこらえ兼《か》ねたと見えて、一度にふっと吹《ふ》き出してしまった。用《よう》を云いつかった下法師《しもほうし》たちが、面《めん》と向っている間《あいだ》だけは、謹《つつし》んで聞いていても、内供が後《うしろ》さえ向けば、すぐにくすくす笑い出したのは、一度や二度のことではない。（中略）

——人間の心には互《たが》いに矛盾《むじゅん》した二つの感情がある。勿論《もちろん》、誰でも他人の不幸に同《どう》情《じょう》しない者はない。所《ところ》がその人がその不幸を、どうにかして切りぬける事が出来ると、今度はこっちで何となく物足《ものた》りないような心もちがする。少し誇張《こちょう》して云えば、もう一度その人を、同じ不幸に陥《おとしい》れて見たいような気にさえなる。そうしていつの間にか、消極的ではあるが、ある敵意《てきい》をその人に対して抱《いだ》くような事になる。——内供が、理由を知らないながらも、何となく不快《ふかい》に思ったのは、池《いけ》の尾《お》の僧俗《そうぞく》の態度に、傍観者《ぼうかんしゃ》の利己《りこ》主義《しゅぎ》をそれとなく感づいたからにほかならない。（中略）

　内供はなまじいに、鼻の短くなったのが、かえって恨《うら》めしくなった。

　するとある夜の事である。日が暮《く》れてから急に風が出たと見えて、塔《とう》の風鐸《ふうたく》の鳴る音が、うるさいほど枕《まくら》に通《かよ》って来た。その上、寒《さむ》さもめっきり加わったので、老年《ろうねん》の内供は寝《ね》つこうとしても寝つかれない。そこで床《とこ》の中でまじまじしていると、ふと鼻がいつになく、むず痒《かゆ》いのに気がついた。手をあてて見ると少し水気《すいき》が来たようにむくんでいる。どうやらそこだけ、熱《ねつ》さえもあるらしい。

　——無理に短《みじか》うしたで、病《やまい》が起ったのかも知れぬ。

　内供は、仏前《ぶつぜん》に香花《こうげ》を供《そな》えるような恭《うやうや》しい手つきで、鼻を抑《おさ》えながら、こう呟《つぶや》いた。

　翌朝《よくあさ》、内供がいつものように早く眼をさまして見ると、寺内《じない》の銀杏《いちょう》や橡《とち》が一晩《ひとばん》の中《うち》に葉を落したので、庭は黄金《きん》を敷《し》いたように明るい。塔《とう》の屋根《やね》には霜《しも》が下《お》りているせいであろう。まだうすい朝日《あさひ》に、九輪《くりん》がまばゆく光っている。禅智内供《ぜんちないぐ》は、*8蔀《しとみ》を上げた縁《えん》に立って、深く息をすいこんだ。

　ほとんど、忘れようとしていたある感覚《かんかく》が、再《ふたた》び内供に帰って来たのはこの時である。内供は慌《あわ》てて鼻に手をやった。手にさわるものは、昨夜《さくや》の短い鼻ではない。上唇《うわくちびる》の上からあごの下まで五六寸《ごろくすん》あまりもぶら下っている、昔《むかし》の長い鼻である。内供は鼻が一夜《いちや》の中《うち》に、また元《もと》の通り長くなったのを知った。そうしてそれと同時に、鼻が短くなった時と同じような、はればれとした心もちが、どこからともなく帰って来るのを感じた。

　——こうなれば、もう誰も嗤《わら》うものはないにちがいない。

　内供は心の中でこう自分に囁《ささや》いた。長い鼻をあけ方の秋風《あきかぜ》にぶらつかせながら。

＊1　池の尾　京都府の地名
＊2　沙弥　正式の僧になっていない男子
＊3　渇行　ただ一つのものを求めること
＊4　かなまり　金属でできているおわん
＊5　中童子　寺の使いとして働く十二、三歳の者
＊6　震旦　中国
＊7　残喘　残りの命
＊8　蔀　日光や風雨をよけるための戸

鼻　粗筋

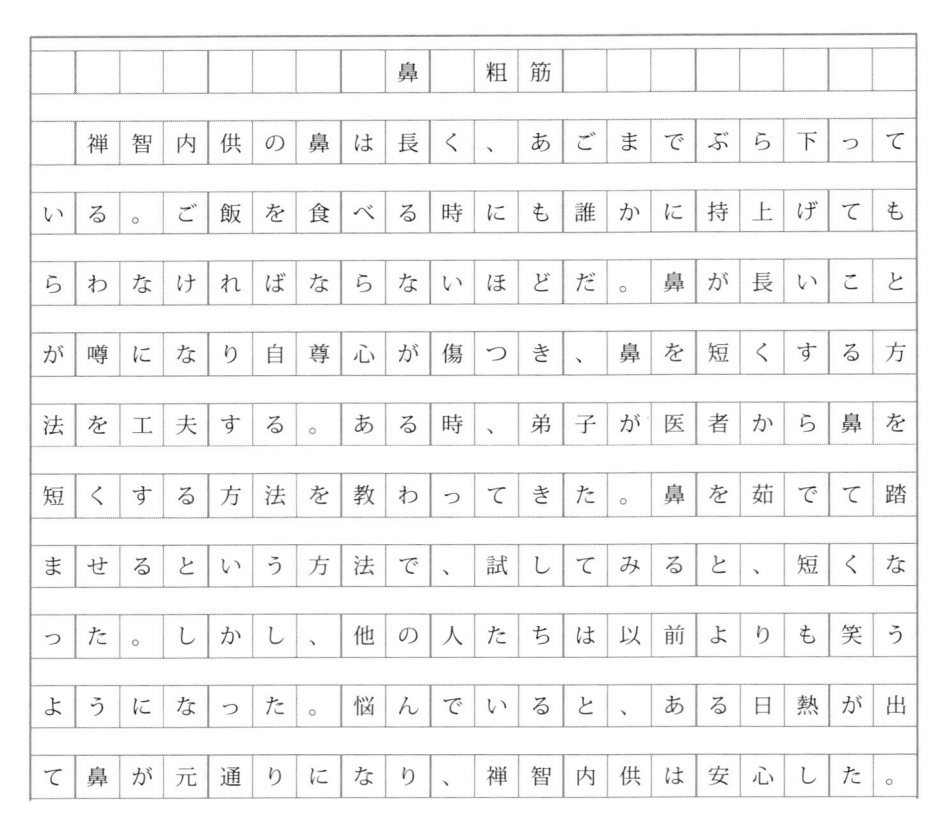

　禅智内供の鼻は長く、あごまでぶら下っている。ご飯を食べる時にも誰かに持上げてもらわなければならないほどだ。鼻が長いことが噂になり自尊心が傷つき、鼻を短くする方法を工夫する。ある時、弟子が医者から鼻を短くする方法を教わってきた。鼻を茹でて踏ませるという方法で、試してみると、短くなった。しかし、他の人たちは以前よりも笑うようになった。悩んでいると、ある日熱が出て鼻が元通りになり、禅智内供は安心した。

（20 × 10）

鼻　感想

　禅智内供は、人の眼を気にして悩んでいる。自分の鼻の長さを受け入れることができない。その悩んでいることさえ気付かれまいとする。これは、誰にでもあることだと思う。身体の悩み、過去の失敗、それさえなくなれば、どんなに楽になるだろうと思う。でも、受け入れることが大事なことを、この作品は教えてくれている。もう一つ、人には、他人の不幸を喜ぶ感情があることを教えてくれている。人間のエゴについて考えさせてくれる作品だ。

（20 × 10）

第３回　宮沢賢治　『セロ弾きのゴーシュ』

宮沢賢治（1896 ～ 1933）

岩手《いわて》県《けん》花巻《はなまき》に生まれる。盛岡高等農林学校卒業、童話制作を始める。農学校教諭を６年間務めた後、農業改良のための羅須地人協会《らすちじんきょうかい》設立。深く仏教を信じ、生涯万民救済を願った。1933年９月21日死去。

主な作品に、詩『春と修羅』『雨ニモマケズ』、童話『注文の多い料理店』『風の又三郎』『銀河鉄道の夜』などがある。

ここで取り上げる『セロ弾きのゴーシュ』は、セロをいっしょうけんめい練習するゴーシュに、動物たちが毎晩現れ、ゴーシュを励ます話。全体の楽しさ、やさしさを味わっていただくため、一部省略し、改変した。

『セロ弾《ひ》きのゴーシュ』　　　宮沢賢治

ゴーシュは町の活動写真館《かつどうしゃしんかん》でセロを弾く係《かかり》でした。けれどもあんまり上手でないという評判《ひょうばん》でした。上手でないどころではなく実は仲間の楽手《がくしゅ》のなかではいちばん下手でしたから、いつでも楽長にいじめられるのでした。

ひるすぎみんなは楽屋《がくや》に円《まる》くならんで今度の町の音楽会へ出す第六交響曲《だいろくこうきょうきょく》の練習をしていました。

トランペットは一生けん命歌っています。

ヴァイオリンは二いろ風のように鳴《な》っています。

クラリネットもボーボーとそれに手伝っています。

ゴーシュも口をりんと結《むす》んで眼を皿《さら》のようにして楽譜《がくふ》を見つめながらもう一心に弾いています。

にわかにぱたっと楽長が両手を鳴らしました。みんなぴたりと曲をやめてしんとしました。楽長がどなりました。

「セロがおくれた。トォテテ　テテテイ、ここからやり直《なお》し。はいっ。」

みんなは今のところの少し前の所からやり直しました。ゴーシュは顔をまっ赤にして額《ひたい》に汗《あせ》を出しながらやっといまいわれたところを通りました。ほっと安心しながら、つづけて弾いていますと楽長がまた手をぱちっと拍《う》ちました。

「セロっ。糸《いと》が合わない。困《こま》るなあ。ぼくはきみにドレミファを教えてまでいるひまはないんだがなあ。」

「だめだ。まるでなっていない。このへんは曲の心臓《しんぞう》なんだ。それがこんながさがさしたことで。諸君《しょくん》。演奏《えんそう》までもうあと十日しかないんだよ。おいゴーシュ君。君には困るんだがなあ。表情《ひょうじょう》ということがまるでできていない。怒《おこ》るも喜《よろこ》ぶも感情《かんじょう》というものがさっぱり出ないんだ。では今日は練習はここまで。」

ゴーシュはその粗末《そまつ》な箱《はこ》みたいなセロをかかえて壁《かべ》の方へ向いて口をまげてぼろぼろ泪《なみだ》をこぼしましたが、気をとり直してじぶんだけたったひとりいまやったところをはじめからしずかにもいちど弾《ひ》きはじめました。

その晩《ばん》遅《おそ》くゴーシュは何か巨《おお》きな黒いものをしょってじぶんの家へ帰ってきました。ゴーシュはそれを床《ゆか》の上にそっと置くと、いきなり棚《たな》からコップをとってバケツの水をごくごくのみました。

それから頭を一つふっていすへかけるとまるで虎《とら》みたいな勢《いきお》いでひるの譜《ふ》を弾きはじめました。譜をめくりながら弾いては考え考えては弾き一生《いっしょう》けん命しまいまで行くとまたはじめからなんべんもなんべんもごうごうごうごう弾きつづけました。

そのとき誰《だれ》かうしろの扉《と》をとんとんと叩くものがありました。

「ホーシュ君か。」すると扉《と》を押してはいって来たのは三《み》毛《け》猫《ねこ》でした。

「これおみやげです。たべてください。」

「誰がきさまに物なんかもらうか。行ってしまえ。ねこめ。」

「先生、そうお怒《おこ》りになっちゃ、おからだにさわります。それよりシューマンのトロイメライをひいてごらんなさい。きいてあげますから。」

「生《なま》意《い》気《き》なことをいうな。ねこのくせに。」

「いやご遠慮《えんりょ》はありません。どうぞ。わたしはどうも先生の音楽をきかないとねむられないんです。」

「生意気だ。生意気だ。生意気だ。」

ゴーシュはすっかりまっ赤になってひるま楽長のしたように足ぶみしてどなりました

が、にわかに気を変えていいました。

「では弾くよ。」

　セロ弾きはまるで嵐《あらし》のような勢いで「印度《いんど》の虎狩《とらが》り」という譜を弾きはじめました。

「先生もうたくさんです。たくさんですよ。ご生《しょう》ですからやめてください。」

「出してやるよ。もう来るなよ。ばか。」

　次の晩もゴーシュがまた黒いセロの包みをかついで帰ってきました。そして水をごくごくのむとそっくりゆうべのとおりぐんぐんセロを弾きはじめました。十二時は間《ま》もなく過ぎ一時もすぎ二時もすぎても。ゴーシュはまだやめませんでした。それからもう何時だかもわからず弾いているかもわからずごうごうやっていますと、誰《だれ》か屋《や》根《ね》裏《うら》をこつこつと叩《たた》くものがあります。

「猫、まだこりないのか。」

　ゴーシュが叫びますといきなり天井《てんじょう》の穴《あな》から灰《はい》いろの鳥が降《お》りてきました。それはかっこうでした。

「鳥まで来るなんて。何の用だ。」

「音楽を教わりたいのです。」

「音楽だと。おまえの歌は、かっこう、かっこうというだけじゃあないか。」

「ええ、それなんです。けれどもむずかしいですからねえ。」

「むずかしいもんか。おまえたちのはたくさん啼《な》くのがひどいだけで、なきようは何でもないじゃないか。」

「ところがそれがひどいんです。たとえばかっこうとこうなくのと、かっこうとこうなくのとでは、聞いていてもよほどちがうでしょう。」

「ちがわないね。」

「ではあなたにはわからないんです。わたしらのなかまならかっこうと一万いえば一万みんなちがうんです。」

「勝《かっ》手《て》だよ。そんなにわかっているなら何もおれの処へ来なくてもいいではないか。」

「ところが私はドレミファを正確にやりたいんです。」

「ドレミファもくそもあるか。」

「先生どうかドレミファを教えてください。わたしはついてうたいますから。」

「うるさいなあ。そら三べんだけ弾いてやるから、すんだらさっさと帰るんだぞ。」

「どうかもういっぺん弾いてください。あなたのはいいようだけどもすこしちがうんです。」

「何だと、おれがきさまに教わってるんではないんだぞ。帰らんか。」

「どうかたったもう一ぺんおねがいです。どうか。」

「ではこれっきりだよ。」

「えい、こんなばかなことしていたら、おれは鳥になってしまうんじゃないか。」とゴーシュはいきなりぴたりとセロをやめました。

「黙《だま》れっ。いい気になって。このばか鳥め。出ていかんとむしって朝飯に食ってしまうぞ。」

次の晩もゴーシュは夜中《よなか》すぎまでセロを弾いてつかれて水を一杯のんでいますと、また扉《と》をこつこつと叩《たた》くものがあります。

今夜は何が来てもゆうべのかっこうのようにはじめからおどかして追い払ってやろうと思ってコップをもったまま待ち構《かま》えておりますと、扉《と》がすこしあいて一匹《いっぴき》の狸《たぬき》の子がはいってきました。

「こら狸《たぬき》。何しに来た。帰れ。」

「だってぼくのお父さんがね、ゴーシュさんはとてもいい人でこわくないから行って習えといったよ。」

「何を習えといったんだ。おれはいそがしいんじゃないか。それに睡《ねむ》いんだよ。」

「ではね、『愉快《ゆかい》な馬車屋《ばしゃや》』を弾いてください。」

「何だ愉快《ゆかい》な馬車屋《ばしゃや》ってジャズか。」

「ああこの譜《ふ》だよ。」

「ふん、変な曲だな。よしさあ弾くぞ。」

「ゴーシュさんはこの二番目の糸をひくときは*1きたいに遅《おく》れるねえ。なんだかぼくがつまずくようになるよ。」

「いや、そうかもしれない。このセロは悪いんだよ。」

「どこが悪いんだろうなあ。ではもう一ぺん弾いてくれますか。」

「いいとも弾くよ。」

「あ、夜《よ》が明けたぞ、どうもありがとう。」

　次の晩もゴーシュは夜通《よどお》しセロを弾いて明け方近く思わずつかれて楽器をもったままうとうとしていますと、また誰か扉《と》をこつこつと叩くものがあります。

「おはいり。」。すると戸のすきまからはいって来たのは一ぴきの野《の》ねずみでした。

「先生、この児《こ》があんばいがわるくて死にそうでございますが、先生なおしてやってくださいまし。」

「おれが医者などやれるもんか。」

「先生、それはうそでございます。先生は毎日あんなに上手にみんなの病気をなおしておいでになるではありませんか。」

「何のことだかわからんね。」

「だって先生、先生のおかげで兎《うさぎ》さんのおばあさんもなおりましたし、狸《たぬき》さんのお父さんもなおりましたのに、この子ばかりお助けをいただけないとはあんまり情《なさけ》けないことでございます。」

「おいおい、それは何かの間ちがいだよ。」

「ああこの児《こ》はどうせ病気になるならもっと早くなればよかった。さっきまであれくらいごうごうと鳴らしておいでになったのに。」

「何だと、ぼくがセロを弾けば兎《うさぎ》や狸《たぬき》の病気がなおると。」

「はい、ここらのものは病気になると、みんな先生のおうちの床下《ゆかした》にはいってなおすのでございます。」

「するとなおるのか。」

「はい。からだ中とても血《ち》のまわりがよくなって大へんいい気持ちで、すぐになおる方もあれば、うちへ帰ってからなおる方もあります。」

「ああそうか。おれのセロの音がごうごうと、おまえたちの病気がなおるというのか。よし。わかったよ。やってやろう。」。

　こどものねずみはしばらく眼をつぶったままぶるぶるぶるふるえていましたが、にわかに起きあがって走《はし》り出しました。

「ああ、よくなったんだ。ありがとうございます。ありがとうございます。」

　それから六日目の晩でした。金星音楽団《きんせいおんがくだん》の人たちは町の公会堂《こうかいどう》のホールの裏《うら》にある控《ひか》え室《しつ》へ楽器をもって引き上げてきました。おおきな白いリボンを胸《むね》につけた司会者《しかいしゃ》がはいって来ました。

「アンコールをやっていますが、何かみじかいものでもきかせてやってくださいませんか。」

すると楽長がきっとなって答えました。

「いけませんな。こういう大物《おおもの》のあとへ何を出したってこっちの気が済《す》むようにはいくもんではないんです。」

「では楽長さん出てちょっと挨拶《あいさつ》してください。」

「だめだ。おい、ゴーシュ君、何か出て弾いてやってくれ。」

「わたしがですか。」

「さあ出て行きたまえ。」

それからゴーシュはあの猫《ねこ》の来たときのようにすごい勢《いきお》いで虎狩《とらが》りを弾きました。曲が終わるとゴーシュはもうみんなの方などは見もせずセロをもって楽屋《がくや》へにげ込みました。すると楽屋では楽長はじめ仲間がひっそりとすわり込んでいます。ゴーシュはやぶれかぶれだと思ってみんなの間をさっさとあるいて行って、向こうの長椅子《ながいす》へどっかりとおろして足を組《く》んですわりました。

するとみんなが一ぺんに顔をこっちへ向けてゴーシュを見ました。

楽長が立っていいました。

「ゴーシュ君、よかったぞお。一週間か十日の間にずいぶん仕上《しあ》げたなあ。十日前とくらべたらまるで赤《あか》ん坊《ぼう》と兵隊《へいたい》だ。やろうと思えばいつでもやれたんじゃないか、君。」

その晩遅くゴーシュは自分のうちへ帰ってきました。そしてまた水をがぶがぶ呑《の》みました。それから窓をあけて遠くのそらをながめながら、

「ああかっこう。あのときはすまなかったなあ。おれは怒《おこ》ったんじゃなかったんだ。」といいました。

（省略し改変）

＊１　きたいに　不思議に

セロ弾きのゴーシュ　粗筋

　ゴーシュは町の活動写真館でセロを弾く係である。けれども上手でないので、本番の演奏まで十日しかない練習で、楽長に怒られる。それから毎晩ゴーシュは夜中までセロを練習する。その間、三毛猫、かっこう、狸、野ねずみがあらわれて、ゴーシュと対話する。セロがうまく弾けずいらいらしているゴーシュは、三毛猫、かっこうに八つ当たりするが、だんだん心やすらぎ、狸、野ねずみに助けられ、本番の日すばらしい演奏をする。

セロ弾きのゴーシュ　感想

　いらいらして動物たちを怒鳴りつけていたゴーシュが、その動物たちに慰められ、こころが落ち着いていく様子がとてもよく伝わり、読んだ後、こちらのこころも慰められた。かっこうとの対話の場面では、かっこうのドレミファを教わりたいという純粋な気持ちがよく伝わってくる。また、狸が、「どこが悪いんだろうね」と考える場面も、光景が目に浮かぶようだ。何よりもよいのが最後、かっこうにすまなかったなあと謝る場面。賢治の心は動物たちにどこまでもやさしい。

おわりに
作文指導を楽しむために

おわりに、作文指導を楽しむためのヒントを整理しておきます。

1．指導者に凛とした姿勢をもたらすビリーフ

指導者は“ビリーフ”をもっていることが大切です。“ビリーフ”とは、自分がもっている信念、あるいは、確信です。作文の指導者は、「練習によって作文力が身についてゆく」「自分の指導によって、学習者は作文力を身につけてゆく」というビリーフをもっていることが大切です。このビリーフがあれば、授業内で学びが起きるここちよい緊張感をつくることができ、むずかしいと感じている学習者をも学びに導いていくことができます。

指導者のビリーフが、指導者に凛とした姿勢をもたらします。その姿勢が学習者からの指導者への信頼につながります。「指導者は確実な手法をもっていて、自分たちを導いてくれる」と。

2．指導者の準備が指導を確実なものにする PLAN-DO-SEE

すべての作業は、PLAN（準備）、DO（実行）、SEE（省察）の積み重ねですが、作文指導においては、何よりも、指導者のPLAN（準備）が大切です。指導者がまず要約してみること、400字、あるいは200字で、それもぴったりの要約を目標に、要約してみることで、指導の道筋が見えてきます。どの中心文をつなげれば400字の要約ができるのか、筋道が見えていれば、学習者を、要約に導いていくことができます。

3．クラスはアンサンブル

クラスはアンサンブル。クラスには、いろいろな学習者がいます。クラスに20名前後の学習者がいるとして、20%は題材を与えれば素晴らしい文章を書く学習者、60%は毎回書くことによって伸びていく学習者、そして残りの20%は、書くことに苦手意識をもっていて歯が立たないと感じている学習者です。この苦手意識のある20%を、書く気にさせる工夫が必要です。それには、他の学習者の書く姿勢からエネルギーをもらうこと。オーケストラの演奏者が、他の音を聴きあって、他の演奏者からエネルギーをもらい、それぞれの演奏者がすばらしい音を創っていけるように、学習者は他の学習者から学びあって、

エネルギーをもらい、書く力を習得していきます。

4．フィードバックにこころを込める

学習者の作文は、学習者が精神を集中して取り組んだ“作品”です。ですから、“作品”と対話するという気持ちで、学習者の作文を読むようにしましょう。そうすることで、客観的な判断が出来るようになり、表現についての的確なフィードバックが書けます。内容についての主観的感想ではなく、作文力を高めるための情報を与えることが大切です。

フィードバックの書き方にも、配慮が必要です。文法上の間違いの訂正は赤で、フィードバックは青の万年筆で書きましょう。赤は注意を伝える色です。青は、安全な場所での“対等な立場での対話”を伝える色です。

5．愚公移山：継続は力

作文力がついていった中国の学生は、『愚公移山』を座右の銘としていました。『愚公移山』は、「昔、中国で愚公という 90 歳になる老人が自分の家の前にある二つの山が邪魔なので、よそへ移そうと決意し、『自分が死んでも、子や孫へと引き継いで続ければ、いつか必ずできる』と実際にやり始めたところ、万物を支配する天帝が、愚公の心意気に感心して、よそへ山を移してやった」という昔話だそうです。この昔話は、目標をもって続けていけば、どんなことでもいつかきっと成し遂げられることを教えています。彼女は、続けることが力になることを、1 年間の作文授業をとおして、身をもって、教えてくれました。目標をもって書き続ければ、確かな力が身につきます。継続は、かならず、力になります。

最後にこの作文授業を 1 年受け、大学に合格した学生からのメッセージを紹介します。

「私を含めた学生たちによく作文を導いて、最初は、若干いやな気分にもなりましたが、今となって考えてみれば、こんなにいろいろなことに自分の意見を持つようになったのも、全部先生のおかげではないかと思います。」（中国の学生）

学習者に作文力がつくことを信じて、楽しく続けてゆきましょう！

引用文献

第２章　新書の要約
青木　保（2001）『異文化理解』 岩波新書
斎藤　孝（2002）『読書力』岩波新書
鈴木孝夫（1973）『ことばと文化』 岩波新書
千野栄一（1986）『外国語上達法』 岩波新書
森　英樹（2004）『国際協力と平和を考える 50 話』岩波ジュニア新書

第３章　意見文の要約と意見
森岡正博（2009）『33 個めの石』 春秋社

第４章　小説の粗筋と感想
齋藤　孝（2002）『理想の国語教科書』文芸春秋
齋藤　孝（2003）『理想の国語教科書　赤版』文芸春秋
宮沢賢治（1988）『宮沢賢治童話大全』講談社

著者紹介

倉八順子　くらはち　じゅんこ

1955年兵庫県生まれ。慶応義塾大学大学院社会学研究科博士課程修了。博士（教育学）。明治大学農学部准教授を経て、現在、和洋女子大学講師（日本語教員養成課程）、大原日本語学院講師、東京外国語大学多言語・多文化教育研究センターフェロー。

主な著書

『コミュニケーション中心の教授法と学習意欲』（風間書房 1998）
『こころとことばとコミュニケーション』（明石書店 1999）
『多文化共生にひらく対話』（明石書店 2001）
『日本語の表現技術　読解と作文　上級』（古今書院 1997）
『日本語の作文技術』（古今書院 2000）
『多文化教育を拓く』（共著　明石書店 2002）
『応用言語学辞典Ⅷ日本語・日本語教育』（分担執筆　研究社 2003）
『こころとからだを育む新育児書』（ブラゼントン・グリーンスパン著　倉八訳　明石書店 2004）
『日本語表現の教室　中級　語彙と表現と作文』（古今書院 2005）
『講座日本語教育学　第3巻　言語学習の心理』（分担執筆　スリーエーネットワーク 2006）

書　名　**日本語の作文力練習帳　上級：大学・大学院で学ぶために**
コード　ISBN978-4-7722-6113-5　C3081
発行日　2012年7月7日　初版第1刷発行

著　者　**倉八順子**

発行者　株式会社古今書院　橋本寿資
印刷所　三美印刷株式会社
製本所　三美印刷株式会社
発行所　**古今書院**
〒101-0062　東京都千代田区神田駿河台2-10
ＷＥＢ　http://www.kokon.co.jp
電　話　03-3291-2757
ＦＡＸ　03-3233-0303
振　替　00100-8-35340